영국이 만든 세계

영국이
만든 세계

도현신 지음

인류 역사상 최대의 영토를 지배하면서 세계 문화에 가장 큰 영향을 끼친 나라는 어디였을까? 바로 영국이다. 지금은 유럽 북쪽의 조용한 섬나라이지만, 1948년까지 영국은 지구의 모든 대륙과 대양에 지배 영역을 두고 있었던 거대한 세계 제국이었다. 영국의 세력이 최전성기에 달했을 때는 지구 표면의 3분의 1이 직접적인 통치하에 있었으며, 그래서 "대영제국에는 태양이 지지 않는다."는 말이 나올 정도였다. 영국이 지구상에 차지하고 있는 영토가 하도 넓다 보니, 영국령으로 편입된 영토 중 어느 곳엔가는 항상 태양이 떠 있다는 것을 이르는 표현이다.

물론, 영국의 정식 국호는 '그레이트 브리튼과 아일랜드 연합 왕국(United Kingdom of Great Britain and Ireland)'이었으며, '대영제국(The British Empire)'이란 단어 자체가 국호가 된 적은 없었다. 애초에 대영제국이란 말 자체가 영국의 강성함에 대한 찬사로 붙여진 일종의 별명이다.

영국이 지배했던 식민지는 너무 많아서 일일이 거론하기 힘들지만, 중요한 곳만 말한다면 이렇다. 북미 대륙의 캐나다, 아프리카에서는 북으로 이집트에서 남으로 남아공까지, 아시아에서는 중동과 인도와 동남아, 오세아니아에서는 호주와 뉴질랜드와 파푸아뉴기니 및 남태평양의 피지 등에 이르는 실로 방대한 영역에 걸쳐 있었다.

단순히 지배했던 영토로만 따진다면 칭기즈칸의 몽골제국도 영국에 못지않다. 그러나 몽골제국은 지배 영역이 아시아 대륙에 한정되었던 데 반해, 영국은 북미와 아프리카와 아시아와 오세아니아 등 거의 전 세계의 광범위한 지역에 걸쳐 지배 영역을 확보했다는 사실이 결정적인 차이점이다. 게다가 몽골제국은 오래전에 해체되어 현대에 와서는 그 영향력이 전혀 없는 데 반해, 영국은 아직도 세계에서 중요한 위치를 차지하고 있는 나라이다. 또한 영국의 식민지였다가 독립한 미국은 아버지뻘 되는 영국의 뒤를 이어 오늘날 세계를 주도하는 초강대국이다. 영국과 미국은 19세기부터 21세기에 걸쳐 세계를 지배하고 있으니, 이 또한 영국의 제국주의가 남긴 산물인 셈이다.

아무튼 몽골제국을 포함하여 세계사에 명멸한 페르시아와 그리스, 로마와 이슬람-아랍, 중국, 터키, 스페인, 프랑스, 러시아, 미국 등 그 어느 나라도 최전성기 대영제국의 국력과 영토에는 미치지 못했다.

그러나 영국의 위대함은 단지 지배 영역이 넓었다는 것에만 한정되지 않는다. 19세기 전 세계의 정치, 경제, 문화 등 거의 모든 분야에서 세계로 퍼진 신진 문물은 영국의 영향에서 벗어날 수 없었다. 정치 제도인 민주주의를 비롯하여, 입는 의복인 양복과 스포츠인 축구와 골프, 교육기관인 대학교, 운송 수단인 철도, 비를 막는 도구인 우산, 럼주와 위스키, 군사 무기인 기관총, 언론을 전하는 신문 등 이른바 근대 문물들의 대부분은 영국이 만들어서 다른 나라에 전해 준 것들이다.

대영제국의 시대로부터 2백 년이 지나 21세기를 살고 있는 우리에게 영국이 과연 무슨 의미가 있느냐고 의문을 제기할 사람도 있으리라. 하지만 조금만 눈을 돌려 본다면 우리는 영국에서 시작한 상업용 신문을 사서 읽고, 영국에서 처음 만들어진 지하철을 타고 출근하며, 영국의 언어인 영어를 배우려 안간힘을 쓰고, 여유가 생기면 영국에서 만들어진 스포츠인 골프를 즐기거나, 영국에서 독립한 미국과 캐나다와 호주 등으로 여행이나 이민을 갈 궁리를 한다. 또한 청소년들은 영국에서 탄생한 단체인 보이스카우트에 가입해 활동하고, 영국이 시발점이 되는 교육기관인 대학에 진학하기 위해 공부에 몰두하며, 어른들은 일을 마치고 퇴근하면 영국 태생의 술인 위스키를 마신다. 혹은 영국 방송국이 처음 실시한 컬러 TV 방송을 통해 영국에서 틀이 완성된 스포츠인 축구 경기를 감상하고, 영국의 과학자가 처음 만들기 시작한 컴퓨터로 온갖 업무와 놀이를 즐기며, 영국식의 옷인 양복을 입고서, 비가 오면 영국인이 처음 만든 우산을 쓰고 다닌다.

어떤가? 이것이 현재의 우리의 삶에서 면면히 살아 숨쉬는 영국/인이 남긴 문물들이다. 영국의 역사는 몰라도 영국/인이 만든 온갖 문물들이 없는 현대인의 삶은 상상할 수조차 없다. 이것이 바로 진정한 영국의 힘이며, 단순히 침략과 약탈만을 일삼다가 멸망한 역사 속의 수많은 나라들과 차별화된 점이다.

이 책 『영국이 만든 세계』는 제목 그대로 영국/인이 만들었거나 혹은 영국/인 기존의 것을 개량하여 세계 곳곳에 전파한 문물의 역사를 다루었다. 지금은 분가한 아들뻘인 미국에 밀려 국제 무대에서 영향력이 점점 줄어들고 있으나, 이 책을 읽다 보면 영국이라는 나라가 세계 역사와 문화에 얼마나 큰 영향을 끼쳤는지 알 수 있을 것이다.

부디 이 책이 독자 여러분들의 지성과 교양에 조금이라도 도움이 된다면, 필자로서는 더 이상 바랄 것이 없겠다.

2014. 11

도현신

영국이 만든 세계

서문 5

01. 영어
: 가장 보편적인 국제 공용어 11

02. 민주주의
: 700년에 걸쳐 이룩한 인류 문명 최고의 발명품 29

03. 미국과 캐나다, 호주와 뉴질랜드
: 영국이 만든 나라들 42

04. 위스키와 럼주
: 전 세계인의 입맛을 사로잡은 술 60

05. 축구
: 전 세계가 열광하는 스포츠 75

06. 대학
: 제국을 만든 영국의 대학들 86

07. 기차
: 왜 영국은 식민지에 철도를 부설했을까? 100

08. 신문
: 영국의 정론지, 200년 전부터 존재했다 108

09. TV
: 사람을 마법에 빠뜨리는 기계 ⸺⸺⸺⸺ 124

10. 컴퓨터
: 한 천재 동성애자가 만든 놀라운 기계 ⸺⸺⸺ 131

11. 자본주의
: 인류 번영의 은인인가, 빈곤의 원흉인가? ⸺⸺ 138

12. 박람회
: 인류 문명의 발달을 상징하는 화려한 전시 쇼 ⸺ 157

13. 골프
: 사랑과 미움을 동시에 받는 스포츠 ⸺⸺⸺ 167

14. 양복과 중절모
: 양복은 그대로인데, 비단 중절모는 왜 사라졌을까? ⸺ 177

15. 우산
: 영국 신사들이 항상 우산을 가지고 다니는 이유는? ⸺ 184

16. 기관총과 폭격기
: 영국이 세계를 지배하게 만든 가공할 무기들 ⸺ 193

17. 보이스카우트와 걸스카우트
: 첩보원에서 출발한 소년 소녀 조직들 ⸺⸺⸺ 212

마치며 ⸺⸺⸺ 220

참고 자료 ⸺⸺⸺ 221

01

영어

가장 보편적인 국제 공용어

오늘날 전 세계를 통틀어 가장 넓은 지역에서 사용되는 언어는 단연 영어이다. 본국인 영국은 말할 것도 없고, 미국과 캐나다, 호주와 뉴질 랜드, 인도와 동남아 그리고 아프리카에서도 영어는 단독 혹은 공통 공 용어이거나 최소한 대체로 통용된다. 영어를 모국어나 공용어로 사용 하는 인구는 10억 명이 넘으며, 세계 외교 무대에 서거나 세계를 여행 하려면 반드시 영어를 구사할 줄 알아야 한다. 또한 인터넷에서 지식 과 정보를 전달하는 가장 흔한 언어가 영어이므로 필요한 정보를 인터 넷상에서 수집하려면 영어가 필수이다. 도올 김용옥 선생은 "이 세상의 대부분의 지식은 영어로 번역되어 있으니, 영어 번역을 제대로 해야 모 든 지식을 알 수 있다."고 말하기도 했다.

영어가 이토록 보편적인 언어가 되어 있으니, 한국에서도 영어 배우기 열풍은 식을 줄을 모른다. 지금은 잠잠하지만 한때 한국 사회에서는 영 어를 아예 공식 언어로 쓰자는 영어 공용화론이 진지하게 제기되었으며,

매년 한국의 수많은 초중고생들과 대학생들이 영어를 배우기 위해 영국·미국·캐나다·호주 등의 영어 상용 국가로 어학연수를 떠난다.

그러나 영어가 처음부터 세계 무대에서 가장 중요한 언어였던 것은 아니다. 영어는 그 탄생 시점부터 무려 천 년이 넘게, 변방의 소수 언어 신세를 면치 못했다.

약탈자의 말이었던 영어

영어(英語)는 영국의 말이란 뜻이다. 여기서 영국이란 잉글랜드(England)를 한자로 표기한 것이다. 잉글랜드는 앵글족과 색슨족, 즉 앵글로-색슨족(Anglo-Saxons)이 사는 땅을 가리킨다. 그것이 오늘날 영국이라 불리는 섬인 것이다.

하지만 앵글로-색슨족이 원래 살던 땅은 영국이 아니라, 오늘날의 덴마크와 독일 지역이었다. 로마제국 시대 북방의 야만족인 게르만족은 여러 분파가 있었는데, 그들 중 일부가 바로 앵글족과 색슨족이었다. 이들은 서기 3세기부터 그 이름을 드러내는데, 배를 타고 북해를 넘나들며 로마제국의 변방을 약탈하는 해적질을 일삼았다. 그러다가 4세기부터는 로마제국의 용병으로 오늘날의 영국인 브리튼에서 활동하기도 했다. 당시에는 지금의 스코틀랜드를 제외한 영국 대부분이 로마의 지배를 받고 있었다.

5세기로 접어들자 로마제국은 거듭된 외침과 내부 분열로 국력이 쇠

▲ 1882년, 화가 알베트 크레트스메르가 그린 <모든 민족들의 의상>에 실린 서기 500년에서 1000년 사이의 앵글로-색슨족의 복장

퇴하여, 더 이상 브리튼을 지배할 형편이 못 되었다. 그래서 410년 게르만족과 훈족의 공격에 시달리던 로마제국은 본국의 방어를 위해서 영국에 주둔하고 있던 로마군을 모두 철수시켰다.

로마군이 물러가자 브리튼을 노리고 있던 앵글족과 색슨족, 덴마크 지역의 주트족은 바다를 건너 대규모 이주를 감행했다. 그 과정에서 자신들에게 저항하던 브리튼의 원주민 켈트족을 무자비하게 학살하거나 정복하여 노예로 삼았다. 켈트족은 침략자들을 피해 브리튼의 북부인 스코틀랜드와 서부 웨일즈, 그리고 서쪽의 섬 아일랜드로 달아났다.

이리하여 앵글족·색슨족·주트족이 브리튼에 정착하고 주류 종족이 되었으며, 그들 중 앵글족이 가장 강력한 세력이었기 때문에 앵글족의 이름을 따서 '잉글랜드'라는 지명이 생겨났다.

그들 중 앵글족과 색슨족, 즉 앵글로-색슨족이 사용한 말이 바로 오늘날 영어의 뿌리인 '고대영어(Old English)'다. 고대영어는 발음이나 어휘 체계가 현재의 독일어와 매우 흡사했다. 원래 앵글로-색슨족은 북유럽인들(독일 및 스칸디나비아)의 조상인 게르만 계통의 부족이고, 색슨족의 고향은 현재 독일 서북부인 작센 지역이었다. '작센'이라는 이름도 '색슨(작센)'족이 살았다고 해서 붙여진 이름이었던 만큼, 색슨족은 오늘날 독일인의 선조이고, 독일어와 고대영어가 비슷한 것은 당연한 일이다.

Settlements of Angles, Saxons
and Jutes in Britain in about 600

Lothian

Strathclyde

Galloway

Bernicia

Northumbrians

Deira

Humber Estuary

Lindsey

Britons

Mercians

Middle
Angles

South
Angles

North Folk

East
Angles

South Folk

Hwicce

East
Middle Saxons
Saxons

West Saxons   Surrey

South
Saxons

Kent

Britons

ENGLISH CHANNEL

	Celtic peoples
	Angles
	Saxons
	Jutes
	sea, swamp or alluvium

▲ 서기 600년 무렵의 영국 지도. 색슨족은 남부 영국에, 앵글족은 동부 영국에 정착했다. 켄트 지역은 덴마크에 서 온 주트족이 차지했으며, 그들에게 밀린 켈트족은 서 쪽 웨일즈와 스코틀랜드로 도망쳤다.

초기 고대영어에 등장하는 단어들

에알흐에레(Ealhhere) : 색슨족이 세운 웨섹스 왕국의 귀족

에지베르히트(Ecgberht) : 웨섹스의 왕

에셀베르히트(Aethelberht) : 색슨족이 세운 켄트 왕국의 첫 번째 왕

에아드발드(Eadbald) : 켄트 왕 에셀베르히트의 아들

에오르첸베르히트(Eorcenberht) : 에아드발드의 아들

오슬라프(Oslaf) : 에셀베르히트의 부하

에아드부르가(Eadburga) : 머시아 국왕 오파의 딸

에셀플레드(Aethelfled) : 웨섹스 국왕 알프레드의 딸

워든(Woden) : 앵글로-색슨족이 믿던 전쟁의 신, 북유럽 신화의 오딘

브리튼에 정착한 앵글로-색슨족은 노섬브리아, 켄트, 머시아, 웨섹스, 서섹스, 에섹스, 동앵글리아 등 7개의 왕국을 이루어 자기들끼리 주도권을 다투었다. 이들은 원래 워든 · 투노르(Thunor: 천둥의 신) · 티우(Tiw: 하늘의 신) 등 게르만 전통 신앙을 믿었으나, 6세기 후반에 이르러 서서히 기독교로 개종하였다. 기독교를 받아들이면서 앵글로-색슨족은 로마가 전해준 알파벳을 문자로 채택하여 사용하게 되었다. 초기 영국의 역사를 기록한 비드(Saint Bede the Venerable, 672/673-735)나 『앵글로-색슨 연대기』의 저자도 모두 기독교로 개종한 색슨족 성직자였다.

서기 8세기가 되자, 덴마크와 노르웨이에서 온 바이킹들이 잉글랜드를 대대적으로 침략하였다. 이 바이킹들의 기세는 매우 강렬해서, 한때

는 웨섹스를 제외한 대부분의 왕국들이 바이킹들의 지배를 받거나, 그들에게 공물을 바쳐야 할 정도였다. 그러나 웨섹스의 알프레드 대왕(849-899)이 상비군을 두고 법률을 제정하는 등 국력을 크게 신장시켜 바이킹들과의 연이은 전투에서 계속 승리하자, 바이킹은 한동안 주춤하였다.

하지만 알프레드 대왕은 바이킹 전부를 죽이거나 쫓아내지는 않았다. 그는 바이킹들을 기독교로 개종시키면 그들을 온순하게 만들고 아울러 잉글랜드의 새로운 구성원으로 편입시킬 수 있을 것이라고 생각하였다. 알프레드 대왕은 바이킹들에게 기독교를 전파하면서 그들의 정착을 권장하였다. 그 결과 바이킹들은 잉글랜드에 정착하였고, 앵글로-색슨족과 서로 통혼하며 공존해 나갔다.

바이킹들의 정착으로 영어에는 덴마크어와 노르웨이어의 어휘가 섞여 들었다. 한 예로 오늘날 영어에서 마을을 뜻하는 단어 'thorp'는 '작은 땅'을 뜻하는 고대 노르웨이어인 'topt'에서 유래했으며, 스칸디나비아어 계통의 단어인 cast, neck, window, sister, anger, cut가 고대영어 단어인 werp, halse, eyethirl, swester, ire, snith를 각가 대체하였다. 또한 오늘날 영국 북부 스코틀랜드에서 쓰는 영어 발음은 노르웨이어와 상당히 흡사한데, 이것도 스코틀랜드에 정착한 바이킹 이주민들이 스코틀랜드 식 영어에 남긴 흔적이다.

아울러 Asquith, Isbister, Ormerod, Sykes, Gaitskell, Storr, Scaled, Wintersgill 등 고대 노르웨이어에서 유래한 영국인의 성씨는 지금까지 177개나 전해 내려오고 있다. 이 역시 노르웨이 출신 바이킹들이 영국

▲ 배를 타고 북해를 건너 잉글랜드를 침략하는 바이킹들

에 전파한 유산이다.

노르만 정복, 영어에 프랑스어가 대거 유입되다

1066년 영어에 큰 변화를 주는 사건이 벌어진다. 프랑스 노르망디 지역에서 침입해 온 노르만족이 헤이스팅스 전투에서 잉글랜드의 하랄드 왕을 전사시키고 잉글랜드를 정복한 것이다.

노르만족은 원래 덴마크에서 바다를 건너와 프랑스를 약탈하다가 노르망디에 정착한 바이킹의 후손이다. 그러나 프랑스와 오랫동안 접촉한 결과 프랑스 문화를 받아들였고, 일상생활에서 프랑스어를 사용했다. 한 예로 노르만족의 후손인 유명한 사자왕 리처드 1세(1157-1199)도 잉글랜드의 왕이었지만 일상에서는 프랑스어를 사용했다.

노르만족이 잉글랜드를 정복한 후 잉글랜드는 두 개의 언어 문화권으로 분리되었다. 왕족과 귀족 등 지배계급은 프랑스어를 쓰고, 농민과 노예 등 피지배계급은 영어를 쓰게 된 것이다. 즉, 프랑스어는 지배층인 노르만족이 사용하는 고상한 언어였고, 영어는 하층민인 잉글랜드인(앵글로-색슨족)의 천박한 언어로 전락해 갔다. 이러한 경향은 13세기 초까지 계속되어 잉글랜드를 다스리던 노르만족 계통의 왕들과 귀족들은 영어가 아닌 프랑스어를 사용했다.

하지만 한 나라 안에서 서로 매일 얼굴을 맞대고 살다 보니 두 집단은 자연히 서로에게서 영향을 받지 않을 수 없었다. 노르만족 왕족들은 잉

▲ 1066년, 잉글랜드의 왕좌를 놓고 벌어진 헤이스팅스 전투를 묘사한 1070년의 바이외 태피스트리(Bayeux Tapestry, 프랑스 바스노르망디의 역사 도시 바이외에서 발견된 중세 직물 벽걸이)의 내용 중 일부. 잉글랜드의 해롤드 왕이 윌리엄 공작의 노르만 기사들에게 공격당해 전사하는 모습이다.

글랜드인이 아닌 외국인과 결혼했으나, 노르만족 귀족들은 잉글랜드인 여인과 결혼하였기 때문에 원활한 의사 소통을 위해서 영어 몇 마디쯤은 배워야 했다. 그리고 노르만족과 잉글랜드인 부모 사이에 태어난 아이들은 부모 중 한 명인 잉글랜드인에게 자연스레 영어를 배우게 되었다. 아울러 잉글랜드인 하인을 거느린 노르만 귀족들도 하인들과 의사 소통을 하기 위해서 영어를 익히기도 했다.

물론 잉글랜드인도 노르만족과 의사 소통을 하기 위해 프랑스어를 배웠으며, 그 과정에서 프랑스어 단어들을 영어에 들여왔다. 프랑스어는 지배층인 노르만족이 쓰는 기품 있는 언어로 여겨졌기 때문이다.

19세기까지 유럽 각국의 왕실에서 널리 쓰이던 공용어는 프랑스어였다. 로마제국이 망한 이후 천 년 이상 유럽에서 가장 강력한 나라는 프랑스였고, 유럽의 다른 나라들은 그런 프랑스를 동경하여 프랑스어를 배웠던 것이다. 『전쟁과 평화』나 『죄와 벌』 같은 유명한 러시아 고전소설에 프랑스어를 가르치는 가정교사가 반드시 등장하는 이유도 러시아 왕족과 귀족 사회에서는 프랑스어가 공용어였기 때문이다.

프랑스어에서 비롯된 영어 단어들

프랑스어→영어 (뜻) : monnaie → money (돈), bouteille → bottle (병), haise → chair (의자), route → road (길), table → table (탁자), chambre → chamber (방, 침실) , air → air (공기), fleur → flower (꽃), jardin → garden (정원), lampe → lamp (등, 램프), ferme → farm (농장), forêt → forest (숲),

hôtel → hotel (호텔, 여관), brique → brick (벽돌), image → image (모양, 상징), plateau → plate (접시, 판, 금속판), histoire → story (이야기), étranger → stranger (방문객, 낯선 사람), boeuf → beef (쇠고기), vinaigre → vinegar (식초), parent → parent (부모), herbe → herb (약초), armée → army (군대), source → source (근원, 출처), grand → grand (위대한), joie → joy (기쁨), ayon → ray (빛), aigle → eagle (독수리), lac → lake (호수), lion → lion (사자), héros → hero (영웅)

13세기, 영어가 공식 언어로 지정되다

노르만족은 자신들의 문화적 정체성을 프랑스에 맞추고 살았으나, 1204년 그들의 고향인 노르망디가 프랑스에게 점령당함으로써 잉글랜드에 살던 노르만족은 본토와의 연결이 끊어졌다. 그때부터 잉글랜드의 노르만족은 그들 자신을 노르망디인이 아닌 잉글랜드인이라고 생각하게 되었다. 1258년에 잉글랜드 국왕인 헨리 3세(1207-1272)는 '옥스퍼드조항'을 발표하였는데, 이 문서는 노르만족의 잉글랜드 정복 이후 영어로 작성된 최초의 공식 문서였다. 즉, 그 이전까지의 공식 문서는 프랑스어와 라틴어로 작성되었다. 또한 1362년에는 '변호법(Statutes of Pleading)'이 공포되었다. 영국 의회가 개원하면서 역사상 처음으로 의장이 영어로만 개회사를 하고 모든 소송을 영어로 진행하였다.

이것은 프랑스어에 대한 영어의 승리였다. 앵글로-색슨족은 외부 침입자인 노르만족에게 정복당했지만, 그들의 유산인 영어는 계속 살아 남았다. 그리고 현재의 영국인들은 그들 스스로를 가리켜 앵글로-색슨족의 후예인 '잉글리쉬(English)'라고 부른다. 영국사에서 최후의 승자는 영어를 전파한 앵글로-색슨족이 된 것이다.

15세기에 접어들자 잉글랜드에서는 훌륭한 문학작품들이 연이어 등장하여 영어의 수준을 한층 더 향상시켰다. 1469년부터 1470년에 걸쳐 토마스 맬러리(Thomas Malory)는 고대 브리튼의 전설적인 영웅인 아서 왕을 다룬 『아서 왕의 죽음』을 지었다. 가장 오래된 영어 산문으로 평가받는 이 책은 아서 왕이 브리튼뿐만 아니라 유럽의 대부분을 정복했다고 서술했으며, 아서 왕과 원탁의 기사 등 브리튼 영웅들을 미화하여 영국의 국민의식 형성에 크게 공헌했다.

16세기 중엽에 등장한 셰익스피어(William Shakespeare, 1564-1616)는 영어의 위상을 크게 끌어올린 인물이다. 그는 평생에 걸쳐 쓴 『햄릿』, 『맥베스』, 『리어왕』, 『오셀로』, 『베니스의 상인』 등의 방대한 문학작품들에서 자신이 직접 새로운 영어 단어들을 만들어내기까지 했다. 그 수만 무려 1,700개에 이르는데, 대부분은 오늘날까지 옥스퍼드 영어 사전에 정식으로 실릴 정도로 계속 살아 있다.

셰익스피어가 만든 영어 단어들

accommodation(적응), aerial(공기의, 대기의), amazement(깜짝 놀람), assassination(암살), baseless(근거 없는), bump(충돌하다), changeful(끊임

▲ 윌리엄 셰익스피어. 그의 작품들은 영어의 수준을 향상시키는 데 큰 공헌을 했다고 평가받는다.

없이 변화하는), countless(무수한), dwindle(감소하다), generous(아까워하지 않는), indistinguishable(구별할 수 없는), invulnerable(상처 입힐 수 없는, 공격할 수 없는), fashionable(유행하는)

1707년, 천 년 넘게 별개의 왕국이었던 잉글랜드와 스코틀랜드가 통합됨으로써, 브리튼 섬은 이제 '영국'이라는 완전한 하나의 나라가 되었다. 그리고 영국 안에서는 인구와 국력 면에서 가장 우월한 잉글랜드의 말인 영어가 단일한 언어로 사용되면서, '영어를 사용하는 사람'이란 뜻의 '잉글리쉬'는 '영국인'과 '영어'를 뜻하는 단어로 자리 잡았다.

대영제국의 번영과 함께 세계로 뻗어 나간 영어

19세기 들어 영국이 전 세계에 걸쳐 방대한 지역을 정복하여 식민지로 지배하면서 세계 제일의 강대국이 되자, 그와 함께 영어도 세계 각지로 퍼져나갔다. 영국의 식민지였다가 독립한 미국은 말할 것도 없고, 영국인 이주민들이 원주민들을 몰아내고 세운 나라인 캐나다 · 호주 · 뉴질랜드도 자연스레 영어가 국어로 정착했다.

영어가 가장 큰 힘을 발휘한 지역은 인도와 아프리카였다. 이 두 지역은 다양한 민족들과 종교 · 문화가 공존하던 곳이었는데, 영국이 식민 지배를 쉽게 하기 위하여 영어를 공용어로 지정했던 것이다.

1948년에는 인도와 파키스탄이, 1960년에는 아프리카 국가 대부분이 영국의 식민 지배로부터 독립했다. 하지만 독립 이후에도 대부분의 나라들은 영어를 계속 공용어로 사용한다. 국내에 소수민족들이 워낙 많아 민족 고유의 언어만 가지고는 말이 잘 통하지 않으므로, 차라리 영어를 공용어로 사용하는 편이 더 낫다고 여겼던 것이다. 일례로 인도는 지금도 국내에서 100개 이상의 서로 다른 언어가 쓰일 만큼 소수민족들이 다양하며, 아프리카의 나이지리아에도 무려 500개나 되는 언어들이 공존하고 있다. 사정이 이러하니 영어를 쓰는 편이 의사소통에 더 도움이 된다고 판단한 것은 어쩌면 당연한 일이다.

이렇게 해서 대영제국 시절 영국의 식민지 건설을 따라 세계로 전파된 영어는 1960년대 이후 영국의 식민 지배가 끝난 이후에도 지배적인 언어로 살아남았다. 그리고 오늘날 전 세계를 통틀어 가장 넓은 지역에서 보편화된 언어가 되었다.

한편으로 영국의 강성함을 동경한 일부 나라들은 영어를 쓰면 자신들도 영국처럼 강대국이 되지 않겠느냐는 기대감을 품고 영어 공용화 운동을 추진하기도 했다. 그중 대표적인 것이 바로 일본의 영어 공용화 논쟁이었다. 1885년 일본의 문부성 장관인 모리 아리노리(森有禮, 1847-1889)는 영어를 일본의 공용어로 지정하고 일본어를 금지하자는 극단적인 정책을 추진했다. 그가 영어 공용어화론의 논지는 대강 이러했다.

지금 세계에서 가장 넓은 식민지를 차지한 영국과 원활한 교류를 하기 위해 일본도 영어를 공용화하는 방안을 검토해야 한다. 일본은 해외무

▶ 영어 공용화를 주장하다가 암살당한
모리 아리노리 장관

역으로 먹고사는 만큼 모든 국민들이 영어를 잘하게 되면 자연히 그만큼 영국인들과 의사소통이 쉬울 테고 많은 이익을 거둘 수 있지 않겠느냐?

그러나 얼마 못 가 일본의 민족주의자들이 거세게 반발하고 나섰다.

애초에 영어는 일본어와 근본적인 구조부터가 완전히 다르다. 어떻게 모든 일본인이 영국인처럼 영어를 잘할 수 있게 된단 말인가? 또 일본인이면서 일본어를 못하고 영어만 한다면, 그게 어찌 일본인이라고 할 수 있는가? 결국 모리 장관의 말은 도저히 실현 불가능한 망상에 불과하다!

이러한 반대에도 불구하고 모리 장관이 계속 영어 공용화 정책을 추진하자, 1889년 2월 12일 일본의 민족주의자들은 도쿄에서 모리 장관을 암살하고 말았다.

모리 장관 암살 사건은 일본 사회에 큰 충격을 주었다. 이를 계기로 일본 사회는 그동안 맹목적으로 추진하던 영어 공용화 정책을 전면 재검토하였다. 그 결과 정부는 국민 전체에게 무리하게 영어를 주입시키는 것보다 서구 문물을 일본어로 번역하여 국민들에게 알리는 방식이 더 효율적이라고 판단하고, 영어에 익숙한 전문 인력을 집중 양성하여 번역 사업에 매진하는 쪽으로 방향을 바꾼다. 그래서 오늘날 많은 지식인들은 "번역이 근대 일본을 만들었다."고 평가하기도 한다.

일본의 사례를 볼 때 20세기 말에서 21세기 초 사이에 우리나라에서 진지하게 논의되었던 영어 공용화 논쟁은 이미 일본에서 1세기 전에 판명난 시대에 뒤떨어진 생각이라고 할 수 있다. 애초에 한국이 인도나 아프리카처럼 수많은 언어들이 난립하여 영어를 공용어로 정할 만큼 의사소통이 어려운 나라도 아니고, 그들처럼 영국의 식민 지배를 받았던 역사도 없으며, 영어를 쓰는 이민자들이 많이 사는 것도 아닌데 굳이 영어를 공용어로 지정해야 할 필요가 있는가? 다행히 한국에서 영어를 공용어로 사용해야 한다는 논의는 현재(2014년) 더 이상 보이지 않는다.

어쨌든 21세기에도 영어 공용화론이 나올 만큼 영어는 아직도 전 세계에서 가장 강력한 힘을 가진 언어임에 틀림없다.

02

민주주의

700년에 걸쳐 이룩한 인류 문명 최고의 발명품

영국이 인류 문명에 가장 큰 공헌을 한 '발명품'은 바로 민주주의다. 물론 민주주의 그 자체를 영국이 처음 만든 것은 아니다. 기원전 3300년 무렵 수메르인들도 민주주의를 시행했다. 그리고 고대 그리스와 로마, 중세의 베네치아에서도 공화정치를 실시했다.

그러나 근대 이후 의회 민주주의의 기틀을 잡은 것은 영국인들이다. 그런 점에서, 영국이 현대 민주주의를 시작했다고 보아도 무방하다.

왕권을 법으로 제약한 마그나카르타

오늘날 영국인의 정체성을 만든 앵글로-색슨족은 오랫동안 왕정 체제를 유지해 오던 민족이다. 앵글로-색슨족의 왕들은 전통적으로 오딘 같은 게르만족 신들의 자손으로 여겨진 신성한 존재였으며, 기독교로 개종한 이후에도 신의 대리자로서 나라와 백성들을 지배하는 반신(半神)

의 위치에 있었다.

1066년 앵글로-색슨족을 정복한 노르만족도 왕정을 기반으로 하는 민족이었다. 특히 잉글랜드를 지배하게 된 노르만 왕조는 정복 왕조이기 때문에 오히려 다른 유럽 국가들보다 왕권이 더욱 강력했다. 노르만의 왕들은 자기 마음대로 귀족과 백성들에게 세금을 거두거나, 특정 인물을 죄인으로 규정지어 처벌할 수 있었다.

하지만 이렇게 막강한 전제 왕권에도 약점이 있다. 권력의 핵심인 국왕이 나약하면 귀족들에게 얕보여 그들을 통제할 수 없다는 점이다. 강력한 왕이었던 헨리 2세(1133-1189)나 리처드 1세(1157-1199) 시절에는 별문제가 없었으나, 그들보다 훨씬 무능한 왕인 존 왕(1167-1216)이 왕위에 있는 동안 잉글랜드의 노르만 왕조도 더 이상 전제 왕정을 이어 가지 못했다. 존 왕은 프랑스와의 전쟁에서 참패하여 아버지인 헨리 2세가 이룩했던 유럽 대륙 내의 잉글랜드 영토 대부분을 프랑스에게 빼앗기는 바람에 왕으로서의 위신을 잃었다. 그럼에도 불구하고 존 왕은 프랑스와 다시 전쟁을 하기 위해서 귀족과 백성들에게 계속 막대한 세금을 강요했다. 계속된 패전과 증세에 불만을 품은 귀족들은 일제히 반란을 일으켜 존 왕의 요구를 거부했다. 그리고 자신들의 권리를 보장받기 위해 왕의 권한을 제약하는 법률인 '마그나카르타(대헌장)'를 만들어, 존 왕에게 이것을 받아들이라고 강요하였다.

마그나카르타의 요지는, 왕은 귀족들로 구성된 의회의 동의를 받지 않고서는 자기 마음대로 세금을 거두거나 죄인을 처벌하지 못한다는

▲ 1215년에 작성된 마그나카르타의 일부

것이었다. 여태까지 노르만 왕들이 아무런 거리낌 없이 하던 일을 마그나카르타에서는 금지시켰으니, 자연히 존 왕은 인정하고 싶지 않았다. 하지만 워낙 민심을 잃어 국내에서 자신을 도와줄 세력이 아무도 없었으므로, 존 왕으로서는 어쩔 도리가 없었다. 결국 존 왕은 1215년 마그나카르타에 서명하였다.

마그나카르타의 제정으로 잉글랜드에는 귀족들로 구성된 의회가 등장하여 왕권을 합법적으로 견제할 수 있게 되었다. 단, 의회에 출석하는 의원들은 어디까지나 귀족으로 한정되었다. 귀족들은 대부분 부모의 혈통으로 그 신분을 얻은 사람들이었다. 따라서 요즘처럼 평범한 사람이 선거를 통해 당선되어 의회로 진출하는 것은 생각할 수 없었다.

즉, 마그나카르타는 지금의 민주주의 체제와는 다른 귀족들을 위한 법률이었다. 그러나 왕이 마음대로 국정을 휘두르는 전제정치가 아닌, 제한된 조건이라도 권력을 제약하는 장치를 법률로 만들었다는 점에서 큰 의의가 있다. 또한 시대가 흐르면서 귀족들에게 한정되었던 의회적 권리가 점점 다수의 사람들에게로 확산되어 간 것도 주목할 점이다.

무엇보다 '법에 의하지 않고서는 권력을 행사할 수 없다.'는 것을 명시한 점은 현대 민주주의의 근본 요소인 '법의 통치' 원칙의 근간을 이미 갖추고 있다는 점에서 높이 평가해야 한다.

의원들이 왕을 무력으로 제압하고 죽인 청교도혁명

하지만 마그나카르타가 제정되었다고 해서 바로 민주주의가 안착되지는 않았다. 존 왕의 뒤를 이은 잉글랜드 왕들은 마그나카르타를 거부했고, 군대를 동원해 귀족들을 억압했다. 그래서 마그나카르타는 만들어지긴 했어도 제대로 시행되지는 못했다.

1455년에서 1485년까지 잉글랜드에서는 왕위 계승을 둘러싼 귀족들의 내전인 장미전쟁이 벌어졌다. 이 전쟁에 참여한 의원(귀족)들 대부분이 전사하는 바람에 의회는 100년 넘게 열리지 못했다. 덕분에 장미전쟁 이후 잉글랜드를 지배한 튜더 왕조의 왕들은 의회를 무시한 채 마음대로 절대 권력을 휘둘렀다. 우리가 잘 아는 엘리자베스 1세(1533-1603)도 튜더 왕조를 계승한 군주였다.

엘리자베스 1세가 죽고 그녀의 친척인 스코틀랜드 왕 제임스 1세(1566-1625)가 잉글랜드 왕위를 계승하자 영국의 절대왕정은 흔들리기 시작했다. 엘리자베스 1세 말기 무렵에 상공업 활동으로 돈을 번 신흥 귀족들이 다시 의회로 진출하여 의원이 되었는데, 그들은 오랜 적대국이자 가난한 약소국인 스코틀랜드 출신 왕을 좋아하지 않았다. 게다가 제임스 1세는 비록 형식적일지라도 마그나카르타가 만들어졌을 만큼 왕권을 제약한 역사가 있던 잉글랜드의 사정을 전혀 몰랐다. 그는 '왕의 권력은 신이 내린 것이니 결코 신하나 백성들이 이를 침해할 수 없다.'는 왕권신수설을 강하게 믿었으며, 의회의 동의나 법에 의하여 자신의 권력이 제한받는 것을 참지 못했다.

또한 엘리자베스 1세는 생전에 스페인과 전쟁을 치르면서 막대한 돈이 필요했는데, 국고에 돈이 부족해지자 귀족들에게 자주 돈을 빌려 썼다. 그 바람에 돈줄을 쥔 귀족 출신 의원들의 힘이 점차 강해졌다. 제임스 1세가 즉위했을 때도 사정은 마찬가지였다. 당시 잉글랜드는 엘리자베스 1세가 벌인 여러 사업 때문에 막대한 빚을 지고 있었다. 그래서 제임스 1세는 국고를 충당하기 위해 잉글랜드로 들어오는 각종 수입 상품에 높은 세금을 매겼는데, 무역업에 종사하는 귀족들은 왕이 그들의 이익을 침해한다며 강하게 반발했다. 그래서 제임스 1세는 의회와 사이가 매우 나빴고, 그들의 반발에 부딪쳐 강력한 왕권을 휘두르지 못했다.

▲ 찰스 1세가 처형당하는 장면을 그린 독일의 풍속화

제임스 1세가 죽고 그의 아들인 찰스 1세(1600-1649)가 왕위에 오르자, 왕과 신하들 간의 충돌이 본격화되었다. 찰스 1세는 아버지 못지않은 왕권신수설 신봉자였고, 의회를 무시한 채 자기 마음대로 외국과의 전쟁과 세금 징수를 강행했다. 하지만 이제 힘이 커질 대로 커진 의회는 더 이상 왕의 요구에 따르지 않을뿐더러 무력을 동원하여 왕과 왕을 따르는 무리인 왕당파를 상대로 전쟁까지 벌였다. 이것이 바로 영국의 청교도혁명이다. 주로 청교도였던 영국 귀족 출신 의원들이 일으킨 전쟁이라 하여 그런 이름이 붙었다.

청교도혁명은 의회파가 찰스 1세를 체포하여 처형하는 것으로 끝났다. 해외무역업에 종사했던 귀족 의원들이 돈줄을 쥐고 있었으므로 의회파는 돈 걱정을 하지 않고 얼마든지 군비를 마련할 수 있었다. 이 점이 승리의 결정적인 요소였다.

청교도혁명 이후 찰스 1세의 아들 찰스 2세(1630-1685)가 영국의 왕이 되었다. 그는 아버지가 당한 일의 교훈을 잊지 않았다. 찰스 2세는 아버지처럼 되지 않기 위해서 의회를 존중했고, 그들의 동의를 받고서 국정을 운영했다.

입헌군주제와 의회 민주주의의 근간을 만든 명예혁명

하지만 왕과 신하의 대립이 완전히 끝난 것은 아니었다. 찰스 2세의 동생 제임스 2세(1633-1701)는 프랑스의 왕 루이 14세(1638-1715)를 부러워하였고, 그를 따라서 자신도 강력한 절대왕권을 휘두르려 하였다. 게다가 그는 헨리 8세(1491-1547)가 창설한 성공회를 믿던 대다수 영국인들과는 달리 가톨릭을 믿었다. 당시 영국인들은 가톨릭이 로마 교황의 앞잡이라고 생각했기에, 제임스 2세가 로마교황, 프랑스와 한통속이 되어 영국을 억압한다는 반감을 가졌다.

결국 1688년 제임스 2세의 절대왕정 추구에 반발한 영국 의회는 제임스 2세의 딸이자 네덜란드의 여왕인 메리 공주(1662-1694)와 그의 남편이자 네덜란드의 통치자인 윌리엄 3세(1650-1702)를 불러들여 그들에게 영국의 왕위를 주겠다고 제안했다. 이들 부부는 영국 의회의 요청을 받아들여 군대를 이끌고 영국으로 향했다.

딸과 사위 부부의 침공에 놀란 제임스 2세는 군대를 모집하려 했으나, 군대 소집권을 의회가 가지고 있어 그조차 할 수 없었다. 결국 제임스 2세는 프랑스로 망명하였고, 영국의 왕위는 메리 공주와 윌리엄 3세가 공동으로 차지하였다. 이 사건을 영국 역사에서는 '명예혁명'이라고 부르는데, 비교적 큰 충돌이 없이 평화롭게 끝난 명예로운 혁명이라고 해서 붙여진 이름이다.

명예혁명은 그 당시 다른 유럽 나라들과는 정반대의 방향으로 전개된 현상이다. 프랑스 등 영국의 이웃 나라들은 대부분 절대왕정 체제 하에 왕권이 강력해졌는데, 영국은 오히려 왕권이 약해지고 신하들의 권력이 강해졌던 것이다. 명예혁명의 성공은 마그나카르타 제정 이후 473년 동안 계속되어 왔던 왕권(王權)과 신권(臣權)의 대결에서 결국 신권

▲ 명예혁명을 일으킨 윌리엄 3세와 메리 공주

이 승리했음을 의미한다. 그리고 영국에서 절대왕정이 끝나고, 왕권도 법에 따라 제약을 받는 입헌군주제가 정착할 수 있는 계기가 되었다.

모든 국민에게 투표권이 주어지다

마그나카르타와 청교도혁명를 거쳐 명예혁명이 성공했지만 근대 민주주의 완성으로 가는 길은 여전히 멀리 있었다. 명예혁명 당시 영국의 민주주의 수준은 모든 사람들이 똑같이 정치에 참여할 수 있는 현대 민주주의와는 거리가 멀었다. 명예혁명 이후에도 한동안 영국에서 의회로 진출하여 의원이 될 자격이 있는 사람은 많은 재산과 고급 학위를 가진 사람들, 그러니까 귀족이나 부자 같은 상류 계층으로 한정되었다. 오늘날처럼 재산이 많건 적건, 대학을 나왔건 못 나왔건 간에 모든 사람들이 똑같이 1인 1투표권을 갖는 보통선거제를 근간으로 하는 민주주의와는 완전히 달랐던 것이다.

19세기 무렵 영국에서 산업혁명이 일어나면서부터 사회 곳곳에서 귀족이나 평민 같은 신분에 상관없이 모든 사람들에게 투표권을 달라고 요구하기 시작했다. 당시의 사회상을 잘 보여주는 사례가 있다. 19세기를 살았던 영국인 작가 찰스 디킨스(Charles Dickens, 1812-1870)는 『올리버 트위스트』라는 작품에서 뒷골목 빈민과 노동자들의 삶이 얼마나 가혹한 상태인지를 폭로하여 영국 사회에 큰 충격을 주었다. 그는 엄연한 영국 국민임에도 불구하고 빈민과 노동자들에게는 왜 권리가 주어지지 않는

◀ 『올리버 트위스트』의 작가인 찰스 디킨스. 그는 기자이자 작가로 활동했는데, 당시 영국 사회에서 소외받고 가난에 시달리던 하위 계층의 삶을 폭로하여 영국인들에게 큰 충격을 주었다.

지에 대해 문제를 제기하며, 영국 사회의 비인간성과 냉혹함을 신랄하게 비판했다. 그리고 귀족뿐만 아니라 평민 등 보통 사람들에게도 정치적인 권리를 부여하여, 그들 스스로의 삶을 개선시킬 수 있도록 해야 한다고 주장했다. 찰스 디킨스 같은 비판적인 지식인들의 계속되는 요구에 영국 정부는 결국 1885년 귀족이나 평민 같은 신분 계급에 상관없이 '모든 성인 남자'들에게 투표권을 주기로 결정했다.

그러나 아직까지도 선거에 참여하려면 어느 정도의 재산이 있어야 했다. 돈이 전혀 없는 거지나 가난한 빈민 계층은 여전히 선거에 참여할 수 없었다. 또한 여자들도 선거에 참여할 수 없었다. 19세기 무렵의 서구 사회는 엄격하고 보수적이었기 때문이다.

1918년 제1차 세계대전이 끝나자 재산과 학력에 제한을 두지 말고 모든 성인 남녀에게 똑같이 투표권을 달라는 요구가 등장하여 영국 사회를 뜨겁게 달구었다. 당시 영국은 비록 제1차 대전에서 승리하기는 했으나 너무나 많은 인명 피해를 내는 바람에 사회 전반에서 그 전까지 의지해 왔던 제국주의의 이상과 애국심이 약화된 상태였다. 자연스럽게 영국인들의 의식은 국가의 소모품으로 사용되는 '국민'이 아닌, 자신의 권리와 자유를 가진 '시민'으로서의 정체성을 찾아가기 시작했다. 그에 따라 나온 외침이 바로 "모든 성인 남녀에게 투표권을 달라!"였다.

귀족과 평민 등 사회적 계급에 따라 서로 다른 대우를 받는 것을 당연하게 여기던 보수적인 영국인들은 투표권 확대 요구를 대단히 부정적으로 보았다. 돈도 없고 학력도 없는 가난하고 무지한 대중들이 투표권을 갖게 되면 나라와 사회가 잘못된 방향으로 갈지 모른다고 믿었기 때문이다. 하지만 1인 1표제가 옳다고 여겼던 사람들은 끈질긴 저항으로 자신들의 요구를 관철시키기 위하여 투쟁했다.

결국 영국 정부는 그들의 요구를 받아들여 선거제도를 대폭 개선했다. 우선 지금까지 무시되어 왔던 여성의 투표권 요구를 수용하여, 1918년 재산이나 학력이나 신분에 상관없이 30세가 넘은 모든 여성들에게 투표권을 부여했다. 10년 후인 1928년에는 그 연령이 남성과 동등한 21세로 낮추어져 더 많은 여성들이 선거에 참여할 수 있게 되었다. 그리고 1932년에는 법적으로 성인으로 간주되는 21세가 넘은 모든 남성들에게 사회적 신분은 물론이고 재산에도 상관없이 선거권을 부여했다(1932년까지는 21세 이상의 남자 중 일정액 이상의 재산 소유자만이 투표할 수 있었다).

1945년 제2차 세계대전이 끝나자 선거제도는 또 한 번 개정되었다. 그때까지 재산이 많은 사람은 가난한 사람보다 투표권을 더 많이 가질 수 있었는데, 1948년에 모든 사람들이 똑같이 1표씩만 행사할 수 있는 이른바 1인 1투표제를 도입했다.

그렇게 해서 1948년에 이르러서 드디어 오늘날과 같은 보통선거제도가 완전히 정착되었다. 마그나카르타로부터 시작한다면 거의 700년이 지나서야 현대 민주주의의 모습이 갖추어진 것이다. 이처럼 민주주의는 참으로 길고도 험난한 길을 밟아 왔다.

다른 나라들도 영국의 영향을 받아 비슷한 시기에 일제히 보통선거제도를 도입했다. 한국도 1948년 8월 15일 정부 수립을 하며 보통선거제도를 도입하였다. 영국인들이 오랜 고생 끝에 얻은 보통선거제도를 우리는 근대 독립국가를 처음 출범시키면서 바로 도입하게 된 것이다.

03

미국과 캐나다,
호주와 뉴질랜드
영국이 만든 나라들

오늘날까지 남아 있는, 영국이 만든 유산들 중에서 가장 크게 눈에 띄는 것은 지구상에 널리 분포한 영어권 국가들이 아닐까 싶다. 영국에서 독립한 후 세계 유일의 초강대국으로 성장한 미국을 포함하여 광대한 북미 대륙을 차지한 캐나다, 오세아니아의 대부분을 차지한 호주와 뉴질랜드는 바로 영국인들이 해외로 진출하며 만들어진 나라들이다. 이 나라들은 영국에서 독립한 이후에도 영어를 국어로 사용하고 있다. 바로 이것이 영국의 문화를 세계 각지로 전파하는 데 크게 공헌했다.

분가한 아들, 아버지를 능가하다

영국에서 독립한 나라들 중에서 가장 성공적으로 성장한 나라라면 단연 미국을 꼽을 수 있다. 식민지에서 독립한 후 150년 만에 본국을 능

▲ 미국 독립의 시초가 되었다고 평가받는 보스턴 차 사건. 인디언으로 위장한 보스턴 시민들이 찻잎 상자를 바다에 버리고 있다.

▲ 대륙회의에서 독립선언서를 작성하는 모습을 담은 그림. 이것이 바로 미국 역사의 시작이었다.

가하는 강대국으로 성장한 경우는 세계 역사에서도 보기 드문 일이다.

미국의 역사는 1607년 영국인 이주자들이 버지니아주에 건설한 마을인 제임스타운으로부터 시작되었다. 이 마을은 주민들의 공동 합의와 관리로 운영되었는데, 이것이 훗날 미국의 의회 민주주의의 기원이 되었다. 제임스타운은 마을 운영에 필요한 경비를 담배 농사로 충당했는데, 담배가 좋은 돈벌이여서 경제적인 상황은 어렵지 않았다. 그러나 제임스타운에 여러 번의 큰 화재가 발생하여 주민들이 자주 이탈했기 때문에 식민지의 중심부가 되지는 못했다.

1620년 12월 영국에서 박해를 받던 청교도들이 배를 타고 대서양을 건너 미국 매사추세츠 연안으로 이주해 오면서 미국 역사에 큰 획을 긋게 된다. 이들이 신대륙에 도착한 12월은 겨울이어서, 추위와 굶주림 때문에 거의 절멸할 위기에 처했다. 그때 마침 신대륙의 원주민인 인디언들이 청교도들을 불쌍히 여겨서 옥수수 같은 작물들을 주고 재배법을 가르쳐 주어 겨우 살아날 수 있었다. 청교도들은 훗날 이날을 기념하여 '추수감사절'을 만들었다. 자신들이 신대륙에서 살아날 수 있었던 것이 신의 은총이라고 여겼던 것이다. 그러나 정작 청교도들을 도와준 인디언들은 그 청교도들의 후손인 미국인들에 의해 학살당하고 황무지로 쫓겨났다. 은혜를 원수로 갚은 셈이다.

여하튼 청교도들이 무사히 이주하고 나서 터를 잡자, 전쟁과 가난에 지쳐 있던 유럽의 많은 사람들은 새로운 땅에 가서 풍요롭게 살 희망을 안고 앞다투어 신대륙으로 이주해 왔다. 유럽 이주민 대부분은 영어를 사용하는 영국인(잉글랜드인, 스코틀랜드인)과 아일랜드인 그리고 독일어를 사용하는 독일인이었다. 그래서 초기 신대륙 식민지(현재의 미국)에서는 영어와 독일어가 거의 같은 비중으로 사용되었다. 이런 양상은 미국이 영국에서 독립한 이후 한동안 계속되었다. 하지만 제1차 세계대전에서 미국이 독일과 전쟁을 벌이자 모든 공공 기관에서 독일어 사용이 금지되고, 영어 사용만 강요됨으로써 독일어는 주류 언어에서 탈락했다.

한편 영국과 프랑스는 북미 대륙에서 지배권을 잡기 위해 1754년부터 1763년까지 북미 대륙에 군대를 보내 전쟁을 벌였다. 영국군에 맞서 프랑스군과 인디언들이 동맹을 맺고 싸웠다고 해서 이것을 프렌치-인디언 전쟁(French and Indian War, 1754-1763)이라고 부른다. 9년에 걸친 전쟁은 영국의 승리로 끝났고, 영국은 이로써 경쟁자인 프랑스를 밀어내고 광대한 북미 대륙을 지배할 수 있게 되었다.

그러나 영국은 비록 승리는 했지만 이 전쟁에서 막대한 군비를 지출하였다. 영국 정부는 부족한 국고를 채우기 위해 북미 식민지에 많은 세금을 부과하였다. 식민지 주민들 사이에서 자신들의 재산을 빼앗아 가는 영국 정부에 대한 반감이 싹트기 시작했다. 급기야 1773년 12월 16일 보스턴 시민들이 항구에 정박 중인 영국 선박으로 몰려가 찻잎을 넣은 상자를 모두 바다에 내다 버리는 '보스턴 차 사건'이 발생했다. 영국 정부가 식민지 주민들이 마시는 차에다 많은 세금을 매기는 데에 불만을 품은 신대륙 시민들이 정면으로 맞선 것이다.

이듬해 1774년 필라델피아에서 식민지 13개 주의 대표들이 모인 '대류회의'가 개최되었다. 이 대륙회의가 바로 미국 연방 정부의 기원이다. 대륙회의에서 나온 주장이 바로 '대표 없이 과세 없다.'였다. 식민지 주민들에게도 영국 본국의 의회에 대표들을 보낼 정치적인 권리가 있어야 영국 정부에 세금을 낼 수 있다는 뜻이었다.

그러나 영국 정부는 식민지 주민 대표들의 요구를 거부하였다. 당시 영국과 독일을 포함한 유럽 각국으로부터 수많은 이민자들이 살 땅을 찾아 신대륙 식민지로 몰려들고 있었던 터라, 영국인들은 머지않아 식민지 인구가 영국 본국을 능가하게 될 것이라고 예상하고 있었다. 그래서 만약 그들의 제안을 받아들여 식민지 주민들이 영국 의회에 참여하게 된다면 본국보다 인구가 더 많은 식민지가 대표들을 통해 본국의 정치를 마음대로 좌우할 수 있다는 두려움을 느꼈다.

정치적 권리는 주지 않으면서 세금만 거둬 가는 영국 정부의 이중성에 불만을 품은 식민지 주민들은 마침내 영국에서 독립하겠다며 전쟁을 선포했다. 이것이 바로 '미국 독립전쟁'이다. 오늘날 미국인들은 자신들의 선조가 자유를 쟁취하기 위해 영국에 맞섰다며 자랑스럽게 여긴다. 반면 영국인들은 미국의 독립전쟁은 단지 세금을 내기 싫었던 이기적인 행동일 뿐이라고 폄하하는 경향이 있다.

미국 독립전쟁 초기에는 영국군이 우세하고 식민지군이 불리하였다. 식민지군은 강력한 영국군에 맞설 새로운 전략을 구상했다. 영국군과의 정면 대결을 피하고, 숲과 늪지에 숨어 게릴라전을 벌인 것이다. 특히 식민지군의 저격수는 위력적이어서, 영국군은 "왜 식민지 주민들은 비겁하게 숨어서 싸우는가?"라고 불만을 토로할 정도였다.

또한 식민지군은 영국의 적인 프랑스를 끌어들여 그들의 도움을 받았다. 적대 관계에 있던 영국에 복수하려는 일념에 불탄 프랑스는 막대한 돈을 들여 식민지군에게 무기와 식량을 공급해 주었고, 군사 교관들을 보내 오합지졸인 식민지군을 훈련시켰다. 결국 영국군은 새롭게 훈련된 식민지군에게 참패를 거듭하다가 1781년 10월 19일 요크타운에서 식민지군에게 항복하고, 1783년 파리에서 열린 회담에서 북미 대륙 식민지 13개 주의 독립을 승인하였다. 그래서 현대 미국의 역사는 1783년을 기점으로 한다. 독립한 미국은 왕이나 세습 정권을 허락하지 않는 공화국으로 출발하였으며, 이것은 프랑스대혁명에 영향을 끼쳤다.

미국의 민주주의는 7대 대통령인 앤드류 잭슨(1767-1845) 시절에 큰 변화를 맞게 되는데, 재산이나 사회적 신분에 관계없이 모든 성인 남자들에게 투표권을 준 것이었다(단, 여자들에게는 1923년에 가서야 투표권이 부여되었다). 미국보다 먼저 의회 정치를 시작한 영국에서조차 투표권은 재산과 신분에 따라 달리 주어졌는데, 미국은 오히려 영국보다 더 앞서서 정치적 민주주의를 실현해 간 것이었다.

한편 미국은 영국에서 독립한 이후 곧바로 서부로의 영토 팽창에 나섰다. 미국인들이 영국으로부터 독립을 꿈꾼 이유 중의 하나도 영국 정부가 미국인들이 애팔래치아 산맥 서부로 영토 개척을 못하도록 막은 것에 불만을 품었기 때문이었다. 미국은 독립하고 나서 4년 후 영국으로부터 애팔래치아 산맥 서부의 4개 주를 사들였고, 1803년에는 프랑스가 북미 대륙에 갖고 있던 식민지인 루이지애나를 사들였다. 이 루이지애나 식민지는 당시 미국 영토와 거의 맞먹는 넓이여서, 순식간에 미국의 영토는 두 배로 불어났다. 1846년에는 2년 동안 미국과 멕시코 사이에 전쟁이 벌어졌고 미국이 승리했다. 그리하여 원래 멕시코의 땅인 캘리포니아, 애리조나, 네바다, 유타, 뉴멕시코, 텍사스 등이 모두 미국으로 넘어갔다. 이 방대한 영토를 새로 확보한 미국은 한층 국력을 키우며 초강대국의 기틀을 다졌다.

1861년부터 1865년까지 미국은 노예제도 유지를 놓고 북부와 남부로 갈라져 남북전쟁(1861.4.12-1865.4.9)을 벌였다. 4년에 걸친 전쟁에서 미국인 50만 명이 죽었고, 북부가 승리함에 따라 미국에서는 노예제도가 폐지되어 흑인 노예들은 모두 자유를 얻었다. 그러나 이들에 대한 실질적인 인종적인 차별은 1백 년 동안 계속 유지되었다. 남북전쟁은 하마터면 미국이 분열될 뻔한 위기였으나, 링컨 대통령이 이를 잘 수습함에 따라 미국은 국가 통합을 계속 유지할 수 있었다.

집안싸움을 끝낸 미국은 넘치는 힘을 계속 서부로 쏟아부었다. 그 바람에 미 대륙 서부에 남아 있던 인디언들은 큰 피해자가 되었다. 1890년까지 미국에 살고 있던 모든 인디언들은 미국 정부가 정해 주는 보호구역이라는 황무지로 쫓겨났고, 이를 거부하는 인디언 부족들은 미군에 의해 무자비하게 학살당했다. 그렇게 해서 미국은 태평양과 맞닿은 서부 해안까지 영토를 확장시켰고, 1898년에는 스페인과 전쟁을 벌여 승리한 기념물로 필리핀과 쿠바와 푸에르토리코 등을 빼앗아 식민지화

◀ 식민지군의 총사령관인 조지 워싱턴.
그는 독립한 미국의 초대 대통령이 된다.

▶ 앤드류 잭슨 대통령의 초상화.
그가 이룩한 선거제도는 미국인들에게
'잭슨 민주주의'라는 이름으로 간직되고 있다.

◀ 하마터면 미국이 분열될 뻔했던 '남북전쟁'을
잘 극복하고 미국의 통합을 유지한 링컨 대통령.
오늘날까지 많은 미국인들은 링컨을 독립 영웅인
조지 워싱턴에 비견될 만한 훌륭한 대통령으로
존경한다.

하면서 본격적인 제국주의 열강으로 떠올랐다.

그러나 미국이 초강대국으로 떠오르는 데 가장 결정적인 공헌을 한 사건은 두 차례에 걸친 세계대전이었다. 영국과 프랑스, 독일과 러시아 등 유럽 열강은 서로 국경을 맞대고 있어 세계대전으로 인한 피해를 고스란히 입은 데 반해, 미국은 멀리 대서양 건너편에 있어 전쟁으로 인한 피해를 전혀 입지 않았다. 오히려 미국은 방대한 국토를 기반으로 한 공업 생산력을 바탕으로 세계대전의 승패를 좌우하는 물주 역할을 톡톡히 했다. 미국의 전폭적인 지원이 있었기에 영국과 러시아 등 연합국이 제2차 세계대전에서 승리할 수 있었던 것이다.

미국은 세계대전 중에 막대한 군수물자들을 팔아 엄청난 돈을 벌었다. 아울러 전쟁을 피해 유럽에서 이주해 온 수많은 이민자들을 받아들임으로써 경제성장의 원동력이 되는 인구를 확보하였고, 제2차 세계대전이 끝나자 명실상부하게 세계 최강대국으로 올라섰다.

오늘날 미국은 정치 · 경제 · 군사 · 문화 · 과학 기술 등 거의 모든 분야에서 세계를 선도하는 위치에 있다. 비록 중국의 도전에 밀려 휘청거리고는 있지만, 미국의 위상은 당분간 지속될 것이다. 자유를 찾아 혁명을 일으켰던 영국의 후손들이 세계를 이끌고 있는 것이다. 그런 의미에서 미국은 영국이 만든 최고의 유산이라고 할 수 있다.

영국과 프랑스의 대결로 탄생한 캐나다

미국의 북쪽에 있는 캐나다는 미국처럼 유럽인들의 이민으로 역사가 시작되었다. 처음 캐나다에 도착한 사람은 프랑스인이었는데, 1534년 프랑스인인 자크 카르티에(Jacques Cartier, 1491-1577)가 세인트로렌스 만에 상륙했다. 이를 근거로 프랑스는 캐나다가 자국의 식민지라고 주장했다. 하지만 캐나다는 미국에 비해 날씨가 너무 추워서, 모피 무역을 하기 위해 온 상인이나 신앙심이 깊은 선교사들을 제외하면 이민자가 많지 않았다.

영국은 프랑스보다 늦은 1670년에서야 허드슨만 부근으로 이민자들을 보내고 식민지를 건설하여 프랑스와 경쟁 구도를 이루었다. 그러다가 1701년 벌어진 스페인 왕위 계승 전쟁에서 영국이 승리하여, 그 대가로 프랑스는 캐나다에 건설한 식민지 거점들을 모두 영국에 내주어야했다. 이로써 영국은 캐나다 식민지 쟁탈전에서 우위를 차지했다. 아울러 프렌치-인디언 전쟁(1754-1763)에서도 영국이 승리함에 따라, 그 전까지 프랑스의 식민지였던 퀘벡도 영국의 식민지가 되었다.

캐나다는 미국처럼 본국과 싸워서 독립한 것이 아니라 1931년에 평화적으로 독립을 이루었다. 캐나다 주민들의 정서는 미국 주민들과 달랐다. 미국 주민들이 영국을 자신들의 돈을 빼앗아가는 원수로 보았다면, 캐나다 주민들의 주된 정서는 "우리는 영국 국왕 폐하의 충성스러운 신하들!"이라고 여겼다. 이는 미국 독립전쟁 당시 영국을 지지했던 사람들이 캐나다로 대거 이주해 온 결과이기도 했다.

캐나다는 북쪽이 추운 북극으로 막혀 있고 남쪽은 초강대국인 미국이 버티고 있는데다 서쪽의 해안선은 비교적 좁아서, 미국과는 달리 제국주의 열강 대열에 합류하지 못했다. 그러나 캐나다는 깨끗한 자연환경 속에서 평화를 누리고 있으며 정치적 자유를 폭넓게 인정하여, 혼란과 불안으로부터 벗어나 안정된 삶을 누리려는 전 세계의 사람들이 가장 선호하는 이민국으로 평가받고 있다.

남반구의 낙원 호주, 영국의 영토가 되다

지구상 마지막 남은 낙원으로 불리는 호주(오스트레일리아)도 영국의 식민지였다가 독립한 나라다. 원래 호주에는 '애보리진(Aborigine)'이라 불리는 원주민들이 살고 있었는데, 이들은 약 4만 년 전부터 호주에 터를 잡은 이래, 18세기까지 원시적인 수렵과 채취를 하며 살고 있었다.

애보리진은 아직 국가 체제를 세우지 못한 원시 부족이었다. 호주에 국가 조직이 들어선 것은 영국인들이 이주해 오면서부터였다. 1770년 영국의 제임스 쿡 선장이 호주에 도착한 이후, 영국은 호주를 자국의 식민지라고 주장하며 관할했다.

1788년부터 영국 정부는 호주의 식민지화 사업을 본격적으로 추진하기 위해 호주에 주로 범죄자로 구성된 이민단을 보내기 시작했다. 당시 영국은 자본주의가 막 시작되고 있던 때라 산업화에 적응하지 못한 수

▲ 호주에 도착한 영국인 이민자들.
그들 대부분은 범죄자였기 때문에 초기 호주의
사회 분위기는 매우 혼란스러웠다.

◀ 영국인 제임스 쿡 선장 일행과 만난 애
보리진족. 이들은 영국인들의 이주로 인해
거의 절멸 위기에까지 몰렸다가 1960년에
이르러서야 호주 국민으로 인정받았다.

많은 사람들이 저소득층 빈민이 되어 사회문제로 부각되던 때였다. 이 과정에서 사회 규범을 일탈한 범죄자들을 몽땅 본국에서 멀리 떨어진 식민지인 호주로 보내 버리자는 발상이 호응을 얻었다.

이렇게 해서 영국은 호주로 대규모 이민단을 계속 내보냈다. 호주에 도착한 영국인 이주민들은 자신들이 살 땅을 마련하기 위해 원주민인 애보리진에 대한 공격에 나섰다. 애보리진은 통합된 국가 체제를 이루지 못하고 사는 원시 부족인데다 문명 수준이 석기시대에 머무르고 있어서, 총과 대포로 무장한 영국인들을 도저히 막아낼 수 없었다. 결국 애보리진은 자신들이 살던 땅을 백인들에게 빼앗기고 황무지로 쫓겨나거나 죽임을 당했다. 미국인들이 인디언들에게 했던 짓과 똑같았다.

호주로 이민 온 사람들은 남자가 여자보다 훨씬 많았다. 짝을 찾지 못한 백인 남자들은 애보리진 여자들을 납치하다시피 하여 강제로 결혼을 했다. 이런 광범위한 혼혈이 일어난 결과, 애보리진의 혈통은 점차 사라져 가기에 이르렀다.

19세기 후반 호주에서 금광이 발견되자 금을 찾기 위해 사람들이 몰려드는, 이른바 골드러시 현상이 일어나면서 호주로 이민 오는 영국인들과 다른 유럽 국가 출신의 사람들이 폭발적으로 늘어났다. 그러나 영국의 호주 식민지 당국은 호주 이민 자격을 영국을 포함한 유럽과 미국 등 백인 국가 출신으로 한정했다. 이른바 백인을 선호하는 인종차별적인 백호주의 정책은 호주의 역사와 함께 시작되었다. 그래서인지 호주인들은 1901년 영국에서 독립한 이후에도 자신들이 영국인이라고 굳게 믿었고, 영국이 두 차례의 세계대전을 맞아 위기에 처할 때마다 본국을 구하기 위해 군대를 보냈다.

제2차 세계대전이 끝난 이후에도 호주 정부는 백호주의 정책을 유지하여 백인이 아닌 사람들의 이민을 강력하게 억제했다. 1970년대에 들어서 아시아계 이민자에 대한 제한을 낮추었으나, 세계적인 경기 불황으로 인해 2008년 이후 다시 이민 장벽을 높이는 중이다. 하지만 넓은 국토와 풍부한 지하자원을 가진 호주는 높은 급여와 쾌적한 삶을 누릴 수 있다는 점에서 아직도 매력적인 이민지로 각광받고 있다.

뉴질랜드에서 벌어진 영국과 마오리족의 전쟁

호주에 정착한 영국인들은 비슷한 시기에 호주 동쪽의 작은 섬들인 뉴질랜드 제도로 이주하게 된다. 오늘날 뉴질랜드는 양떼가 뛰어노는 푸른 초원이 펼쳐진 깨끗한 자연환경 속에서 평화로운 생활을 누릴 수 있는 국가로 알려져 있다. 하지만 19세기 후반까지 뉴질랜드는 폴리네시아 계통 원주민인 마오리족과 섬을 식민지로 만들려는 영국군이 수십 년에 걸쳐 전쟁을 벌였던 곳이다.

1769년 12월, 영국의 탐험가인 제임스 쿡 선장(1728-1779)은 뉴질랜드 북섬 북쪽의 머큐리 섬에 상륙했다. 쿡 선장은 자신이 발견한 뉴질랜드에 배를 만들 때 사용하는 나무와 방수제 역할을 하는 타르 등 각종 자원이 풍부하다는 사실을 영국 정부에 보고했고, 이로써 뉴질랜드라는 섬이 저 멀리 남쪽 바다에 있다는 사실이 영국과 유럽에 알려졌다.

그러자 영국의 뱃사람들은 자원을 얻기 위해 뉴질랜드로 몰려갔다. 그리고 원주민인 마오리족을 노동자와 선원으로 고용하고, 그 대가로 머스킷 소총, 럼주, 감자 등을 주었다. 하지만 유럽인들이 준 총은 마오리족 사회에 심각한 악영향을 끼쳤다. 이제까지 마오리족은 돌로 만든 창이나 나무로 만든 부메랑 정도를 무기로 사용했기 때문에 전쟁을 벌여도 사상자가 별로 많지 않았다. 그런데 유럽인들이 총을 주자 훨씬 효과적인 대량 살상이 가능해져 전쟁에서 사상자가 대량으로 발생한 것이다. 마오리 부족들이 머스킷 소총을 사용하면서 일어난 전쟁을 가리켜 '머스킷 전쟁'이라고 하는데, 1807년에서 1842년까지 계속되었다. 35년간 5백 회 이상의 전투가 벌어졌으며 전체 마오리족 10만 명 중에서 18,500명이 사망했다.

그리고 3년 후인 1845년부터 1872년까지 27년 동안, 마오리족은 같은 부족이 아니라 더 크고 강한 적인 영국을 상대로 그동안 겪어 보지 못한 새로운 전쟁을 벌여야 했다. 이것이 '마오리 전쟁'이다.

전쟁의 발단은 1840년 2월 5일 영국의 윌리엄 홉슨 제독과 마오리 부족들 간에 맺은 '와이탕기 조약'이었다. 조약을 체결하면서 홉슨 제독은 마오리 부족들에게 "영국인과 마오리족이 평등한 권리와 대우를 받을 수 있게 해 주겠다."고 약속했고, 마오리족 대표들은 그 말을 믿고 조약에 서명했다. 하지만 홉슨 제독의 말은 거짓이었다. 조약 실제 원문은 뉴질랜드의 주권과 모든 영토를 영국 정부가 차지한다는 것이었다.

▲ 1846년에 그려진 마오리족의 그림. 이들은 서양인들이 준 총을 재빨리 받아들였고, 그 덕분에 영국군의 침입에도 비교적 오랫동안 잘 대항할 수 있었다.

와이탕기 조약 체결에 따라 많은 영국인들이 뉴질랜드로 이주해 오면서 자연히 마오리족과 충돌이 벌어졌다. 영국인들은 마오리족을 쫓아내고 그들의 땅을 빼앗았고, 기독교 교회를 세워 마오리족에게 기독교로의 개종을 강요하며 그들의 전통 신앙을 파괴하였다.

마오리족은 이러한 영국인들의 횡포에 분노하여, 영국인들이 준 총을 들고 그들에 맞서 전쟁을 벌였다. 마오리족은 그들에게 익숙한 뉴질랜드의 자연 지형을 이용하여 영국군을 상대로 놀랄 만큼 효과적인 게릴라전을 벌였다. 여기에 고전한 영국군은 마오리족 민간인들을 상대로 기습 작전과 생포 작전을 벌인 끝에 힘겹게 마오리족 전사들을 제압하고, 뉴질랜드 전체를 영국의 식민지로 만들었다.

뉴질랜드는 바로 이웃인 호주와는 달리 영토도 좁고 지하자원도 적어 이민을 오는 인구가 적었으므로 그만큼 식민지 본국인 영국에 더 의존할 수밖에 없었다. 뉴질랜드에 방목이나 벌채 사업을 하러 이민을 오는 영국인들은 본국에서 1만 킬로미터 이상 떨어져 있으면서도 자신들이 영국인이라고 믿었고, 두 번의 세계대전 당시 본국인 영국을 돕기 위해 빠짐없이 군대를 보냈다.

뉴질랜드는 1947년에 독립했다. 당시 본국인 영국은 제2차 세계대전을 치르면서 너무나 많은 국력을 소모하였고, 더 이상 세계 각지의 방대한 식민지들을 관리하기 힘든 상황이었다. 이런 판국에 자국에서 멀리 떨어진 뉴질랜드를 관리하거나 지원하는 일에 계속 매달리기는 어려웠다. 그래서 영국은 1947년에 뉴질랜드의 독립국 지위를 승인했다. 말이 독립 인정이지, 사실은 더 이상 뉴질랜드를 도와줄 수 없으니 알아서 먹고살아라 하고 놓아준 것이나 마찬가지였다. 그럼에도 불구하고 뉴질랜드 정부는 여전히 영국적인 문화 정체성을 버리지 않고 다른 영어권 국가인 미국·캐나다·호주처럼 영어를 공용어로 쓰며, 캐나다와 호주처럼 지금도 영국 국왕을 국가원수로 인정하고 있다.

하지만 뉴질랜드의 원주민인 마오리족은 이런 뉴질랜드 정부의 방침을 못마땅하게 여기며, 자신들의 문화를 지키기 위해 백인 이주민들과 충돌을 빚고 있다. 애초에 그들의 땅이었으니 이제 더 이상 백인들 마음대로 해서는 안 된다는 것이다. 반면 백인 이주민들은 마오리족도 서기 1200년 무렵에야 뉴질랜드로 배를 타고 이민을 왔으니 원주민이 아니고, 백인들은 다만 늦게 온 것뿐이라며 마오리족에 맞서고 있다. 서로 다른 뿌리를 가진 두 집단의 갈등은 앞으로도 계속될 듯하다.

04

위스키와 럼주

전 세계인의 입맛을 사로잡은 술

17-18세기 무렵, 바다를 누비던 해적들은 거의 매일같이 럼주를 물처럼 즐겨 마셨다. 럼주는 도수가 매우 높아서 보통 사람들이 그냥 마시기는 힘들다. 그러나 해적이나 뱃사람같이 위험하고 힘든 일상에 시달리는 사람들은 하루의 피로를 잊기 위해 즐겨 마셨던 술이다.

오늘날 세계의 많은 사람들은 잔뜩 취하고 싶을 때 으레 위스키를 찾곤 한다. 위스키는 호박색의 빛깔에 도수 높은 증류주인데, 맥주나 와인 같은 술에 비해 값은 비싸지만 세계 각국의 정치인과 기업인 등 '힘있는 사람들'이 즐겨 마시는 고급술이기도 하다. 그런데 공교롭게도 럼주와 위스키, 이 두 가지 술은 모두 영국이 근대 무렵 해외로 식민지를 늘려 가면서 세계에 전파한 술이다. 즉 럼주와 위스키는 영국이 지구상에 퍼뜨린 선물인 셈이다.

서양을 대표하는 술 위스키

위스키(whiskey)는 원래 아일랜드어로 '생명의 물'을 뜻하는 우스퀘바흐(usquebaugh)에서 온 말이다. 스코틀랜드에서는 이를 우이스게 비아타(uisge beatha)라고 부르는데 우스퀘하브와 발음만 다를 뿐 뜻은 같다.

아일랜드와 스코틀랜드에 같은 의미를 지닌 단어가 있는 이유는 무엇일까? 그 이유는 스코틀랜드의 역사에서 비롯되었다. 스코틀랜드는 '스코트족'의 땅이란 뜻인데, 스코트족은 본래 아일랜드에 살던 켈트족의 일파였다. 이 부족은 서기 5세기경 바다를 건너 스코틀랜드로 침입하여 원주민인 픽트족을 정복하고, 자기 부족의 이름을 따서 땅의 이름을 스코틀랜드로 불렀다. 이렇게 아일랜드와 스코틀랜드는 같은 스코트족의 땅이다 보니 발음이 조금 다른 위스키를 뜻하는 말을 갖게 된 것이다. 그렇다면 위스키의 최초 생산지는 아일랜드였을까?

도수가 높은 증류주 자체는 아일랜드를 포함한 서구인들이 처음 만든 것이 아니었다. 증류주의 발상지는 중동인데, 아랍인들이 만들기 시

▶ 스코틀랜드에서 만들어진 스카치 위스키. 한국에 제일 많이 들어오는 위스키다.

작한 아라끄(Araq)가 그것이다. 아랍의 증류주 제작 기술은 서기 8세기 아랍인들의 스페인 정복과 함께 서서히 유럽으로 전파되기 시작했다. 그리고 서기 12세기에서 14세기에 걸쳐 유럽에서도 기존에 마시던 맥주나 와인보다 더 높은 도수를 지닌 증류주들이 나타나기 시작했다.

와인을 증류한 술은 1232년 이탈리아에서 등장했는데, 이것이 오늘날 브랜디의 원조가 되었다. 이런 것들은 대부분 심한 복통과 천연두 같은 병들을 치료하려는 의학적인 목적으로 만들어졌으며, 주로 중세의 수도원들을 통해 확산되었다.

한편 아일랜드에는 서기 5세기에 기독교를 전파한 성자 파트리키우스가 위스키 제조 방법을 가져왔다는 전설이 전해져 온다. 그러나 문서로 남은 최초의 기록은 그보다 훨씬 이후에야 보인다.

현재까지 남아 있는 가장 오래된 위스키에 관한 기록은 17세기 영국에서 만들어진 『클론맥노이즈의 연대기(Annals of Clonmacnoise)』에 실려 있다. 이 책에는 1405년 아일랜드의 어느 부족장이 크리스마스에 '아쿠아 비테(aqua vitae)'를 과음했다가 죽었다는 내용이 나온다. 아쿠아 비테는 곡물을 원료로 하여 만든 도수가 높은 증류주인데 라틴어로 '생명의 물'이란 뜻을 가지고 있다. 이 아쿠아 비테를 아일랜드어로 옮긴 것이 바로 우스퀘바흐, 즉 위스키의 다른 이름이다.

1494년 스코틀랜드의 왕 제임스 4세(1473-1513)의 명령으로 수도사 존 코어(John Cor)가 맥아를 증류해 아쿠아 비테 500병을 만들어서 왕에게 바쳤다. 제임스 4세는 아쿠아 비테를 매우 좋아했고, 그의 이러한 취향

▶ 스코틀랜드의 국왕인 제임스 4세.
그는 스카치 위스키의 명성을 만드는 데
한몫을 한 주인공이기도 했다.

이 바로 오늘날 스코틀랜드산 위스키인 '스카치 위스키'의 높은 명성을
만드는 원동력이 되었다.

1506년에는 스코틀랜드 동부의 도시인 던디에서 활동하던 외과 의
사 및 이발소의 조합에서 위스키를 대량으로 구입했다. 이때부터 비로
소 아쿠아 비테 대신 '위스키'라는 단어가 스코틀랜드에서 등장했다. 이
후 위스키는 곧바로 남쪽의 이웃인 잉글랜드에 전파되었다. 1536년부
터 1541년까지, 잉글랜드의 왕 헨리 8세는 부족한 국가 재정을 보충하
기 위해서 나라 안에 있는 수도원들을 강제로 철거하고 그들이 가진 땅
을 몰수했다. 그 와중에 위스키의 생산 시설이 수도원에서 개인이 소유

한 집과 농장으로 옮겨졌다. 그때까지 위스키는 수도원에서만 생산되었는데, 수도원 철거 조치 이후로는 개인이 직접 생산하게 된 것이다.

하지만 이때까지 위스키 증류 기술은 아직 초기 단계였다. 오늘날 우리가 마시는 위스키에 비하면, 16세기 유럽의 위스키는 훨씬 거칠고 제대로 희석되지 않아 맛이 떨어졌다. 시간이 지나면서 위스키는 훨씬 부드러운 술로 변해 갔다. 1608년 아일랜드 북쪽 해안의 올드 부시밀즈(Old Bushmills) 증류소에서 위스키 맛을 더욱 부드럽게 할 수 있는 증류법을 개발했다. 이 증류법은 특허로 등록되어 있다. 또한 이 증류소는 지금까지 세계에서 가장 오래된 위스키 증류소로 남아 있다.

1707년 '연합법'이 만들어지면서 천 년 넘게 서로 다른 나라였던 잉글랜드와 스코틀랜드는 하나의 나라, 즉 '그레이트 브리튼의 연합 왕국(영국)'으로 통합됐다. 하나의 나라가 된 영국에서는 정부의 국고를 채우기 위해서 1725년부터 위스키에 대한 세금을 대폭 올렸다. 비슷한 예로 18세기 러시아에서도 정부가 보드카의 제조와 판매를 독점하여 막대한 세금 수입을 올렸다.

세금이 더 붙는 만큼 위스키의 가격도 가파르게 올랐다. 그러자 이에 불만을 품은 스코틀랜드 주민들은 가정집에서 몰래 불법으로 증류한 위스키를 암시장을 통해 훨씬 싼값에 팔았다. 이때 스코틀랜드인들은 정부의 불법 주류 단속을 피해 밤에 몰래 위스키를 증류했는데, 이 때문에 달빛 아래에서 만들었다고 하여 위스키에 '달빛(moonshine)'이라는 별명이 붙게 되었다. 가정집에서 개인이 만든 밀주 위스키가 얼마나 많았던지, 당시 스코틀랜드에서 제조되어 유통되던 위스키의 절반이 이런 밀주였다고 한다. '달빛'이라 불리던 밀주는 1823년 영국 정부가 위스키의 증류 합법화와 소비세 법안을 통과시키면서 막을 내렸다.

한편 1776년부터 1783년까지 영국과 독립 전쟁을 벌이던 미국에서는 위스키가 화폐 대신으로 사용될 정도로 인기가 높았다. 그러나 1783년 영국에서 독립한 이후, 미국 정부가 위스키에 높은 세금을 매기자 여기에 불만을 품은 미국 시민들은 '위스키 반란'이라 불리는 폭동을 일으켜 정부에 항의하기도 했다.

1831년 아일랜드인 이니어스 코페이(Aeneas Coffey)는 위스키의 증류법을 더 효율적이고 저렴하게 개량했다. 그리고 1850년 앤드류 어셔(Andrew Usher)는 최초로 위스키의 블렌딩 기법을 고안하여 이를 바탕으로 혼합 위스키를 생산했다. 그가 개발한 새로운 증류 방법은 전통적인 증류 방식에 집착하던 일부 아일랜드인 주류업자들에게 조롱받았지만, 곧 대부분의 위스키들이 앤드류 어셔가 고안한 블렌딩 기법에 따라 만들어지게 되었다.

1880년대 프랑스에서는 필록세라 바스타트릭스(Phylloxera vastatrix) 해충에 의해 거의 모든 포도들이 죽어 버려 포도 재배 산업이 초토화되자, 위스키가 뜻하지 않은 호황을 누렸다. 포도를 원료로 사용하여 만드는 와인과 브랜디의 생산량이 대폭 축소된 반면 보리나 밀 등의 맥아를 증류해 만드는 위스키 산업에는 아무런 문제가 없었기 때문이다. 지금까지 와인이나 브랜디를 즐기던 사람들은 어쩔 수 없이 위스키를 선택해야 했다. 그 바람에 위스키는 세계 주류 시장에서 기본 주류가 되었다.

특히 19세기 후반은 영국의 힘이 절정에 달한 때였다. 이 무렵을 기점으로 영국은 전 세계에 광대한 식민지들을 개척해 나갔으며, 영국 군대와 관리, 문화와 함께 위스키도 퍼져 나갔다. 그래서 중국과 일본 등 비서구인에게 '양주(洋酒)' 하면 으레 위스키를 떠올릴 정도로 서양을 대표하는 술로 자리 잡았던 것이다.

위스키는 그 종류가 매우 다양하다. 스코틀랜드에서 만드는 스카치 위스키와 아일랜드에서 만드는 아이리쉬 위스키, 미국에서 만드는 아메리칸 위스키와 캐나다에서 만드는 캐내디언 위스키, 그리고 일본 회사들이 만드는 재패니스 위스키 등으로 구분된다.

우리나라에서는 주로 스카치 위스키가 많이 유통된다. 이는 일제 강점기에 상류층인 일본인과 친일파들이 스카치 위스키를 즐긴 술 문화에다, 고(故) 박정희 대통령(1917-1979)이 심복인 김재규(1926-1980)에게 살해당하던 1979년 10월 26일에 마침 스카치 위스키인 시바스 리갈(Chivas Regal)을 마셨다고 해서 더욱 유명해졌기 때문이다.

한편 영국 문화를 받아들이는 데 여념이 없었던 일본인들은 자기들 나름대로 위스키 마시는 문화를 개발해 냈다. 그것은 '미즈와리(水割り)'인데, 위스키에 찬물을 섞어서 독한 위스키의 도수를 조금이나마 낮추는 것이다. 일본식 술 문화의 영향을 강하게 받은 한국의 유신 정권 시절 미즈와리는 상류층 인사들에게 널리 유행했다. 박정희가 암살당하던 10·26사태의 그날에도 김재규는 시바스 리갈을 미즈와리로 만들어

▲ 궁정동 안가에서 박정희를 저격한 장면을 재연하는 김
재규. 그날 박정희가 시바스 리갈을 마시는 바람에, 술
이름이 매우 유명해졌다.

박정희에게 바쳤다.

뱃사람들의 술인 럼주

어린 시절 『보물섬』이라는 소설은 누구나 한 번 읽어 보았을 것이다.
그리고 작품 속에서 해적들이 음울한 목소리로 부르는 "어여차, 럼주가
한 병이라네…."라는 노래가 환청처럼 기억날 사람들도 많으리라.

영국의 작가인 로버트 루이스 스티븐슨(Robert Louis Stevenson, 1850-1894)
이 1883년에 발표한 소설 『보물섬』은 악명 높았던 해적 선장 플린트가
숨겨 놓은 보물을 찾기 위해 바다 위를 항해하는 모험담을 담고 있다.

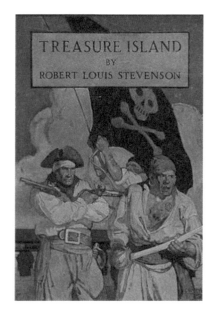

◀ 해적들을 다룬 영국 소설 『보물섬』. 이 소설에서 해적들은 럼주를 즐겨 마신다. 그만큼 영국의 뱃사람들에게 럼주는 매우 친숙한 술이었다.

소설에 등장하는 선원들과 해적들은 지루하면 저런 식의 노래를 부르는데 이는 실제와 거의 흡사했다. 해적이나 일반 선원들을 막론하고 대항해 시대를 살았던 모든 뱃사람들은 너나없이 럼주를 물처럼 들이키며 살았다.

서기 13세기부터 유럽 국가들은 항해 기술과 선박 제조 기술의 발달로 연안 항해에서 벗어나 점차 원양 항해로 나아가기 시작했다. 그런데 원양 항해에서 선원들은 공통적으로 식수 문제에 시달렸다. 배에 물을 오랫동안 보관하면 습기와 열기로 인해 미생물이 기하급수적으로 번식해 이윽고 녹색의 구정물로 변해 버리기 일쑤였다. 역겹고 퀴퀴한 냄새가 나서 도저히 마실 수가 없었고, 갈증을 참다못해 억지로 마시려면 코를 막고 두 눈을 질끈 감고는 얼른 마셔야 했다. 하지만 세균이 득실거리는 구정물을 마시면 설사와 복통을 심하게 앓았고, 잘못되면 장염에 걸려 사망하는 경우도 있었다.

그래서 나온 해결책이 물 대신 술을 마시는 방법이었다. 따지고 보면 술도 물로 만들어진 것이 아니던가? 1280년부터 시작된 북유럽 도시들의 연합체인 '한자동맹'에 소속된 선단의 뱃사람들은 배에 물 대신 맥주나 포도주를 싣고 다니며 식수 대용으로 삼았다. 알콜 성분이 들어간 맥주와 포도주는 확실히 물보다 오래 보관할 수 있었다. 게다가 아침부터 잠들 때까지 힘든 노동을 해야 했던 뱃사람들에게는 취하면 피로를 말끔히 잊게 해 주는 술이 물보다 더 인기가 많았다.

그러나 1492년 콜럼버스(Christopher Columbus, 1451-1506)의 신대륙 도착을 계기로 유럽의 선박들이 지중해나 북해, 발틱해에서 벗어나 광활한 북대서양을 항해하기 시작하면서 식수 공급은 더욱 큰 문제에 부딪치게 되었다. 유럽의 근해보다 덥고 습도가 높은 대서양과 카리브해를 지날 때면 맥주나 포도주도 물처럼 상하는 바람에 도저히 마실 수 없었다.

원인을 알지 못해 고민하던 사람들은 술의 도수가 낮으면 높은 온도에 변질된다는 사실을 알아내고, 맥주를 증류시켜 독한 위스키로 만들어 배에 실었다. 확실히 위스키는 도수가 높아 맥주나 포도주처럼 쉽게 상하지는 않았다. 하지만 값이 비싸 선장 같은 고위 간부나 마셨고, 가난한 선원들은 마실 엄두조차 내지 못했다.

◀ 북유럽의 뱃사람들이 즐겨 마신 맥주. 그러나 대서양을 넘자, 도수가 낮은 맥주들은 금방 상해 버렸다.(사진 왼쪽) ▶ 참으로 딱하게도 레몬즙에 포함된 비타민이 괴혈병을 치료할 수 있다는 사실을 뱃사람들은 오랫동안 알지 못했다.(사진 오른쪽)

식수의 변질 이외에도 뱃사람들은 또 다른 고통에 시달렸다. 오랜 항해 생활을 하다 보면 비타민을 제대로 섭취하지 못해, 잇몸이 검게 썩어 들어가다 피를 흘리고 몸이 쇠약해져 마침내 죽음에 이르는 괴혈병이 창궐했던 것이다. 영국의 쿡 선장이 비타민 공급의 일환으로 레몬즙과 양배추를 선원들에게 먹게 한 18세기 말 이전까지 배에서 일하는 사람들은 너나없이 괴혈병의 공포에 시달렸다.

이처럼 유럽의 선원이나 해적, 해군들 너 나 할 것 없이 뱃사람들의 실제 생활은 열악하기 그지없었다. 영화나 소설에서 낭만적으로 그려지는 모습은 사실과 거리가 먼 환상에 불과했던 것이다.

일단 배에서 생활하다 보니 물을 많이 싣고 다닐 수 없어 물이 부족했고, 육지에서 살던 때처럼 제대로 몸을 씻을 형편이 못 되었다. 게다가 일단 일어나면 식사 시간을 제외하고 잠들 때까지 전혀 쉬지 못하고 계속 힘든 중노동을 해야 했다.

이런 환경에서 살았던 선원들의 몸에서는 썩은 땀 냄새가 가시지 않았고, 위생 상태가 안 좋다 보니 병에 걸리기 쉬웠다. 여기에 모든 배에는 쥐와 벌레들이 득실거리니 전염병은 선상에서 일상적인 일로 여겨졌을 정도였다. 그래서 선장들은 항구에 들를 때마다 일부러 배를 가라앉혔다 다시 꺼내는 수법으로 쥐들을 죽이려 했다. 하지만 그것도 소용없었다. 쥐는 물에 빠져도 3일 동안 살아남을 만큼 생존력이 탁월했다.

그래서 뱃일을 하려는 사람들은 대부분 현실에 대한 희망이 없는 가난한 사람이거나 죄수 출신이었다. 그도 아니면 보물이나 한몫 훔쳐서 약탈을 하려는 부류들도 많았는데, 그들은 해적이 되었다. 대항해 시대의 선원과 해적들은 사실 동일한 계층의 사람들이었던 것이다.

20세기까지 세계의 바다를 제패했던 영국만 해도 해군에 자원하려는 사람들이 찾기 어려울 만큼 적다 보니, 감옥에 갇힌 죄수들을 상대로 죄를 면해 주는 대가로 해군이 되게 했다. 그도 어려울 경우에는 아예 항구도시에 들어가 강제로 도시 주민들을 끌고 가 해군에 편입시켰다. 이때 마을의 부녀자들은 가족들이 해군에 끌려가는 것을 막고자 해군 징병관들과 거친 몸싸움을 벌이기도 했다. 이런 식으로 강제징병을 수행하도록 고용된 사람들을 프레스 갱(Press Gang)이라고 하였다. 참고로 서구 해군의 강제 징병은 1812년 영미전쟁 당시 영국 해군과 제1차 세계대전 무렵의 프랑스 해군도 시행했을 정도로 흔한 일이었다.

배에 오른 사람들은 뱃일이 너무나 힘들고 제공되는 옷이나 음식, 잠자리도 엉망이다 보니 틈만 나면 달아나려고 했다. 그래서 선장들은 나름대로 대비책을 세웠는데, 가급적 항구에 기항할 기회를 줄인다든가, 섬의 원주민들은 사람을 잡아먹는 식인종이라고 거짓말을 해 선원들에게 공포감을 유발시키기도 했다. 실제로 하와이를 비롯한 태평양의 많은 섬 주민들은 이런 식으로 억울한 누명을 쓰기도 했다.

그러나 고생 끝에 즐거움이 찾아온다는 속담처럼 지옥 같은 환경 속에 방치되어 있던 뱃사람들에게 한줄기 빛이 드리워졌다. 1651년, 영국이 차지하고 있던 서인도제도의 식민지 바베이도스에서 설탕을 만들고 난 사탕수수의 찌꺼기들을 모아 다시 한 번 증류해서 만든 술이 개발되었는데, 그것이 바로 럼주(rum)였다. 비유를 하자면 음식물 쓰레기로 만든 술이나 마찬가지였다. 럼주는 위스키와 달리 값이 매우 싸서 가난한 선원들도 쉽게 구입해 부담없이 마실 수 있었다. 또한 도수가 최소 40도에서 최대 80도에 이를 정도로 매우 높아, 덥고 습한 날씨에도 상하지 않고 오랫동안 보관할 수 있다는 큰 장점이 있었다.

이런 럼주의 효용성이 알려지자, 유럽의 모든 선주들은 앞다투어 럼주를 배에 실어 선원들에게 지급했다. 일반 선원이든 해적이든 해군이든, 뱃사람들은 누구나 할 것 없이 럼주를 들이켰다. 그들에게 럼주는 갈증과 피로를 말끔히 해결해 주는 신선한 물이나 다름없었다.

선원들이 럼주를 얼마나 중요하게 생각했는지를 알려주는 증거가 있는데, 선장이 잘못을 저지른 선원들을 처벌할 때 가장 심한 벌이 바로 금주령을 내리는 일이었다. 럼주를 마실 수 없게 된 선원들은 "금주를 하느니 차라리 채찍을 때려 주십시오!"라고 사정했다고 한다.

그러나 아무래도 독한 술이다 보니, 럼주를 물처럼 마시던 선원들은 지나친 음주로 인해 선장이 무슨 명령을 내려도 잘 듣지 못하거나, 들어도 취해서 느려진 몸놀림 때문에 제대로 일을 하지 못하는 부작용이 속출했다. 이런 현상을 불만스럽게 여기던 영국의 그로기라는 해군 제독이 럼주에 물을 타서 도수를 약하게 하려 했지만, 선원들은 럼주를 더 많이 마시는 것으로 응수했다. 술에 취한 것처럼 비틀거리는 사람을 두고 그로기 상태라고 하는 말은 그로기 제독의 이름에서 따온 것이다.

뱃사람들이 애용하던 럼주는 영국의 식민지였던 미국에서도 일상적인 음료로 자리 잡았다. 미국이 영국에 맞서 독립 혁명을 벌이던 1770년대 직전까지 미국인들은 한 사람당 1년에 13리터나 되는 럼주를 마실 정도였다고 한다. 성인 남자나 여자는 물론이고 어린아이들도 말이다.

이렇게 인기를 누리던 럼주는 영국의 쿡 제독이 금속 용기에 물을 실어 미생물이 번지는 것을 막는 방법을 개발하면서 서서히 밀려나기 시작한다. 많은 제독들이 수병이나 선원들이 럼주를 너무 많이 마셔 알콜 중독이 되는 것에 불만을 품고 있었기 때문이었다.

하지만 영국 해군이 공식적으로 1970년 7월 31일 수병들에게 럼주를 지급하는 관행을 폐지할 때까지 럼주는 모든 뱃사람들에게 필수적으로

◀ 서인도제도의 버뮤다와 바베이도스에서 생산되는 럼주

주어지는 음료이자 생명의 물이었다.

오늘날 세계적인 럼주는 쿠바에 기반을 두었던 바카디 회사에서 생산하는 제품들인 바카디 시리즈다. 그 옛날 사탕수수를 재배했던 서인도제도의 명성을 잇고 있는 것이다.

05

축구

전 세계가 열광하는 스포츠

4년마다 세계는 월드컵의 열기에 빠져든다. 단일 종목으로 축구 하나만 플레이하는데도 불구하고, 월드컵 시청자는 여러 스포츠 종목이 등장하는 올림픽 시청자보다 더 많다. 심지어 테러 단체들조차 월드컵 기간에는 테러를 중단하겠다고 발표할 정도이다.

이렇게 많은 사람들의 사랑을 받는 축구는 언제부터 시작되었을까?

인류의 역사와 함께 시작된 공놀이

축구는 둥근 공을 가지고 양편이 차고 넘기며 즐기는 스포츠다. 오늘날 사람들은 축구는 잉글랜드, 그러니까 영국에서 비롯되었다고 알고 있다. 물론 지금과 같은 규칙을 가진 축구 경기가 영국에서 처음 시작된 것은 맞다. 그러나 둥근 공을 가지고 하는 공놀이 자체는 인류가 놀이 문화를 즐겼을 아득한 옛날부터 세계 각지에서 시작되었다.

◀ 고대 그리스의
공놀이 모습이 그려진
부조

◀ 중국 송나라에서
사람들이 즐겼던
공놀이인 축국

고대 그리스의 극작가인 안티파네스(Antiphanes, B.C. 388-311)는 에피스키로스(Episkyros)라는 공차기 놀이에 대해 언급했다. 에피스키로스는 현재 피파(FIFA, 국제축구연맹)에 의해 축구의 초기 형태로 인정되어 있다. 로마인들은 이미 폴리스(follis)라 하는, 가죽에다 공기를 넣은 공을 만들었다. 고대 로마의 유명한 정치인이자 변호사인 키케로(Marcus Tullius Cicero, B.C. 106-43)는 이발소 안에서 공을 차다가 살해당한 사람의 이야기를 했다. 이집트의 대도시인 알렉산드리아에 살던 기독교 신학자인 클레멘트(서기 150-215)는 에피스키로스가 오늘날의 럭비와 닮았다고 말한 바 있다.

한편 고대 동양의 공차기 놀이는 중국에서 시작되었다. 중국에서는 서기 3세기부터 축국(蹴鞠)이라 불리는 공차기 놀이가 등장했다. 축국은 짐승의 가죽이나 오줌보에 공기를 넣어 부풀려서, 서로 다른 팀끼리 차면서 즐기는 놀이였다. 오늘날의 축구와 다른 점은 골문이 그물이 아닌 구멍이 뚫린 나무 판으로 되어 있다는 것이었다. 이 축국은 중국과 인접한 한국과 일본에도 전파되었다. 근대 이전 중국 문화가 가장 발달했던 송나라 시절에는 황족 같은 상류층들도 축국을 무척 좋아했다. 예술을 즐기던 송의 휘종 황제(1082-1135)는 고구(高俅)라는 신하가 축국에 매우 뛰어나자 그를 총애하여 오늘날의 국방부 차관에 해당하는 전수부 태위에 임명하기도 했다.

한국에도 삼국시대 때부터 공놀이 문화가 있었다. 『삼국사기』에 보면 서기 7세기 신라의 왕족인 김춘추(604-661)와 김유신(595-673)이 서로를 자기 집에 초대해 공차기 놀이를 하다가 옷의 끈을 밟았다는 이야기가 실려 있다.

중남미의 마야족에게도 공놀이 문화가 있었다. 그들은 두 명의 선수가 서로를 상대로 팔꿈치와 무릎과 엉덩이를 사용해 벽에 박아 넣은 골대에 가죽 공을 던져 넣는 방식으로 공차기 놀이를 즐겼다. 마야족의 공차기 놀이는 다소 끔찍했는데, 시합에 진 선수는 마야족의 신들에게 제물로 바쳐졌다.

영국에서 만들어진 현대 축구의 기틀

그렇다면 영국에서는 언제부터 축구가 등장했을까? 전설에 따르면, 앵글로-색슨 왕국 시절에 잉글랜드로 쳐들어온 바이킹들과 싸워 이긴 색슨족 전사들이 바이킹들의 해골을 서로 차면서 놀이를 하던 것에서 유래했다고 하지만, 이는 전승에 속하기 때문에 그대로 믿기는 어렵다.

영국 최초의 공놀이 기록은 서기 9세기 무렵에 등장한다. 아마 로마제국이 영국을 지배하고 있을 무렵에 전해진 흔적이 반영된 듯하다. 9세기 잉글랜드의 수도사 네니우스(Nennius)는 잉글랜드 남부와 웨일즈의 소년들이 공차기 놀이를 즐겼다고 기록했다. 당시에는 공을 찰 때 발만 사용하는 것이 아니라 손과 막대기도 쓸 수 있었다. 핸드볼과 컬링의 규칙이 축구에도 적용되었다고 생각하면 될 것이다.

서기 12세기 프랑스에서는 라 소울(La Soule) 또는 코울(Choule)이라는 이름의 축구 경기가 등장했다. 이 경기는 공기를 불어 넣은 돼지 방광을

공으로 사용했는데, 한국의 전통 농촌에서 했던 방식과 비슷하다. 주로 이웃 마을 사람들끼리 서로 두 편으로 나누어 경기를 진행했는데, 선수의 수는 지금처럼 11명으로 제한되지 않고 무제한으로 많은 사람들이 우루루 몰려들어 경기를 했다. 그 때문에 라 소울 경기는 무척 위험하고 경기 도중에 몸싸움이나 폭력적인 충돌이 자주 일어났다. 또한 선수들이 공을 차지하기 위해 손도 쓸 수 있다 보니 시합 도중에 팔이 부러지는 등의 사고도 빈발했다.

1314년에는 축구를 금지하는 법률이 발표되기도 했다. 런던의 시장인 니콜라스 드 판돈(Nicholas de Farndone)은 축구 경기가 너무 시끄럽고, 그 기간 동안에 선수들을 상대로 매춘을 하는 매춘부들이 늘어난다는 이유로 축구 경기를 금지하는 법령을 선포했던 것이다.

영국의 왕 에드워드 3세(1312-1377)도 1363년 축구와 하키와 닭싸움 같은 놀이들을 모두 금지시키고, 대신 활쏘기를 하라는 법을 공포했다. 당시 영국은 프랑스와 백년전쟁을 한창 벌이고 있었는데, 크고 긴 장궁을 다루는 궁수들이 절실히 필요했다. 그래서 백성들에게 활쏘기를 익숙하게 한 다음 그들을 궁수 부대로 편성하여 프랑스와의 전쟁에 투입하려는 속셈에서 일부러 축구를 금지시킨 것이었다.

하지만 오랫동안 즐겨 온 축구의 맥이 하루아침에 끊어질 수는 없었다. 중세 영국의 서사시인 「캔터베리 이야기」에서는 1380년 경, '같은 발 아래에 공을 둔다.'라는 내용이 언급되었다. 그리고 영국의 신학자인 존 위클리프(John Wycliffe, 1330-1384)는 "그들은 축구를 하며 발에 걸어차이는 공처럼 책망받는다."는 설교를 했다. 이것은 왕의 명령에도 불구하고 영국인들은 계속 축구를 즐기고 있었다는 사실을 드러낸 것이다.

15세기 말에는 현대 축구에서도 쓰이는 공중에서의 드리블 기술이 등장했다. 그럼에도 불구하고 축구 경기는 여전히 거칠었다. 1526년 잉글랜드 왕 헨리 8세(1491-1547)는 축구 경기가 선수들 간의 몸싸움과 폭동을 유발시킨다고 하여 금지하는 법령을 공포했다. 또한 16세기 스코틀랜드에서 익명의 저자가 발표한 시 「축구의 아름다움」을 보면, 당시 축구가 얼마나 거칠고 난폭한 경기였는가를 여실히 알 수 있다.

멍든 근육과 골절,

불협화음의 투쟁과 쓸데없는 충돌,

늙은 나이에 어리석음, 게다가 그들은 절름발이다.

이것들이 축구의 아름다움이다.

중세 말기까지 축구에는 경기를 관찰하고 선수들의 잘못을 규제하거나 처벌하는 심판이 없었다. 그래서 축구 경기 중에 선수들끼리 벌이는 몸싸움이나 흥분은 누구도 막을 수 없었고, 축구 시합은 자주 난폭한 격투극으로 변질되기 일쑤였다. 이처럼 축구 경기 자체가 폭력적이고 거칠었기 때문에 영국에서 축구는 오랫동안 비천한 하층민들이나 하는 저속한 시합으로 여겨졌다. 그런 나쁜 평판에도 불구하고 축구는 계속 영국인들의 사랑을 받았다. 1615년 영국 왕 제임스 1세는 월트셔 마을

▲ 1688년에 그려진 축구 경기의 모습

을 방문했는데, 마을 사람들은 왕 앞에서 뛰어난 공차기 솜씨를 보여 즐
겁게 해 주었다. 훗날 찰스 1세(1600-1649)를 처형하고 영국을 공화국으로
만든 올리버 크롬웰(Oliver Cromwell, 1599-1658)은 젊은 시절 케임브리지대
학에서 공부를 했는데, 이때 최고의 축구 선수로 불리면서 명성을 떨쳤
다고 전해진다. 참고로 영국에서는 대학마다 축구의 규칙을 서로 다르
게 정했기 때문에 경기를 할 때에 손을 써야 하느냐 말아야 하느냐를 놓
고 다툼이 있기도 했다.

18세기 중엽에 접어들자 축구만 전문적으로 하는 전용 스포츠 클럽
이 등장하기 시작했다. 축구 전용 클럽은 영국의 수도인 런던에 처음

◀ 1930년 우루과이에서 개최된 제1차 피파 월드컵의
포스터(사진 왼쪽)
▲ 영국에서 결성된 축구 리그의 로고(사진 오른쪽)

생겼는데, 1796년 경영난을 이유로 운영을 중단했다. 하지만 1824년 스
코틀랜드의 에든버러에서 '축구 클럽(The Foot-Ball Club)'이라는 전용 클럽
이 등장하여 축구 전용 클럽의 명맥이 계속 이어졌다. 또한 1839년에는
학교나 대학이 아닌 가이 병원이라는 병원에 소속된 전문 축구 클럽이
창설되었다. 이때까지만 해도 축구 경기에서 공을 손으로 밀거나 잡는
것이 허용되었다.

19세기 중엽으로 접어들면서 영국에서는 축구에 표준과 규격을 정하
려는 움직임이 일어나기 시작했다. 1843년 올리버 크롬웰의 모교였던
케임브리지대학은 다른 대학들과 상의하여 축구의 규칙을 통일하려는
계획을 세웠다. 약 3년 동안의 의견 조율을 거친 끝에 드디어 다른 영국
의 대학들과 축구 클럽들은 케임브리지대학과 축구 규칙을 단일화하는
데 의견 일치를 보았다.

1850년에는 축구가 어린이와 청소년들에게도 널리 전파되는 계기가 있었다. 당시 영국은 산업혁명기로서 공장에서의 가혹한 노동이 일상 화되었는데, 특히 미성년자들을 하루에 18시간 동안 공장이나 탄광에 서 가혹하게 부리는 아동 착취 노동이 큰 사회적 문제로 대두되던 상황 이었다. 신문사와 교회가 나서서 어린이 인권을 지켜야 한다고 부르짖었고, 결국 영국 의회에서는 어린이와 청소년에게 오후 6시 이후에 일을 시키면 안 된다는 권리보장법을 통과시켰다. 그에 따라 영국의 어린이와 청소년들은 휴식 시간을 보장받게 되었다. 그때 공립학교에서는 레크리에이션 시간에 축구를 가르쳤다. 이렇게 어려서부터 축구를 접한 아이들은 커서도 축구를 친숙하게 여기게 되었다.

2천 년 혹은 그 이상 동안 축구공으로 쓰이던 돼지의 방광이나 가죽 공은 1855년 미국인 발명가 굿이어(Charles Goodyear, 1800-1860)가 상업용 고무를 발명함에 따라 비로소 고무공으로 대체되었다.

1863년에는 런던에 위치한 각 대학들과 전문 클럽 팀들이 함께 축구 협회(FA, Football Association)를 창설했다. FA는 영국의 모든 축구팀들을 관리하며 축구 규칙의 일원화를 추구하는 모임이었다. 여기서 나온 축구 규칙은 상대편 선수의 정강이를 발로 걸어차거나, 손으로 공을 만져서는 안 된다는 내용 등이 있었다. 또한 현대 축구에 도입된 프리킥 규칙도 이때 처음 만들어졌다.

1874년에는 미국에서 병원에 소속된 축구팀들끼리 경기를 하는 '미국 병원 챌린지 컵' 대회가 출범했다. 또한 1892년에는 28개의 전문 프로 축구팀이 참가하는 영국 프로축구 리그가 출범하여 본격적인 프로축구의 시대가 열렸다.

19세기 말 영국이 식민지 개척 전쟁 등 활발한 대외 활동을 벌이면서 축구는 해외 각지로 전파되기 시작했다. 1890년까지 스위스, 네덜란드, 터키, 그리스, 덴마크, 러시아, 브라질, 오스트리아, 스웨덴 등에서 영국인 교육자나 사업가들을 통해 전파된 축구가 현지인들에게 무척 인기 있는 스포츠 경기로 자리 잡았다.

한국으로 전해진 축구와 월드컵

19세기 말 영국은 한국에 축구를 전해 주었다. 1882년 인천항에 입항한 영국 함대의 선원들이 통역관 같은 관리들에게 축구하는 모습을 보여주었는데, 이것이 한국인들이 처음 접한 현대식 축구였다. 그리하여 영국인들에게 축구를 배운 한국인들을 중심으로 1896년 한국 역사상 최초의 축구 클럽인 '대한 축구 구락부'가 등장했다.

또 일설에 따르면, 1885년 3월 1일부터 1887년 2월 5일까지 영국 해군이 거문도를 약 2년 동안 점령했던 거문도사건도 축구 전파에 한몫을 했다고 한다. 영국 해군들은 자기들끼리 축구 경기를 벌였는데, 이때 영국군들이 가지고 놀던 축구공을 신기하게 보던 섬 주민들이 영국군이 철수한 이후에도 영국군이 하던 대로 축구를 따라하면서 축구가 전해지게 되었다고도 한다.

▲ 월드컵은 축구라는 단일 종목으로 치뤄지는 경기임에도 불구하고, 그 열기와 인기는 올림픽을 능가한다.

1904년에는 세계 축구 역사에 한 획을 그을 획기적인 사건이 일어났다. 프랑스에서 '국제 축구 연맹(FIFA, Fédération Internationale de Football Association)'이 출범한 것이다. 그리고 1930년에는 우루과이에서 제1차 월드컵 대회가 열리면서 드디어 세계 축구에 월드컵의 시대가 열렸다. 현대 축구의 규칙을 정한 영국이 퍼뜨린 씨앗이 전 세계를 하나로 묶는 월드컵으로까지 이어진 것이다.

월드컵은 축구라는 단일 종목으로 치러지는 경기임에도 불구하고, 그 열기와 인기는 올림픽을 능가한다. 아마 그것은 인류가 수천 년 전부터 즐겨왔던 공놀이에 대한 뜨거운 열정과 애착이 아직도 살아 숨 쉬고 있음을 증명하는 사례가 아닐까?

06

대학

제국을 만든 영국의 대학들

영국의 옥스퍼드대학교와 케임브리지대학교는 미국의 아이비리그와 견줄 만한, 세계에서 손꼽히는 명문 대학교로 인정받고 있다. 유서 깊은 명문 대학교라는 이미지 때문에 매년 전 세계의 많은 학부모들은 옥스퍼드와 케임브리지로 자녀들을 유학 보낸다. 물론 그중에는 한국의 학부모들도 당당하게 끼어 있다. 옥스퍼드와 케임브리지는 합쳐서 '옥스브리지'라고도 불리는데, 이 두 대학교가 영국이라는 나라와 세계 역사 및 문화에 끼친 영향은 실로 막대하다.

영국 총리와 소설가를 배출한 옥스퍼드대학교

두 대학교 중에서 역사가 더 오래된 옥스퍼드대학교부터 먼저 살펴보자. 옥스퍼드대학교는 설립 연대가 확실치 않은데, 대체로 918년에서 1096년 사이, 늦춰 잡아도 12세기 말로 간주한다. 최소한 800년은 넘은

▲ 옥스퍼드대학교의 풍경

셈이니 참으로 오래된 대학교라 할 수 있다.

초기의 옥스퍼드대학교에서는 종교(기독교)를 다루는 신학과, 사람의 몸을 다루는 의학 및 법률을 공부하는 법학을 가르쳤다. 그중에서 가장 중시된 학문은 신학이었다. 이는 중세 유럽의 사회적인 특성에서 비롯되었는데, "철학은 신학의 시녀다."라는 말이 있을 정도로 중세는 종교, 특히 기독교가 지배한 사회였기 때문이다. 그래서 기독교의 이론을 정당화하고 합리화하는 신학이 제일 유력한 학문이었다.

또한 옥스퍼드대학교에서 신학 못지않게 중요하게 여겼던 과목은 고대 그리스어와 라틴어였다. 지금은 이 두 가지 말이 일상에서 전혀 사용되지 않는 죽은 말이지만, 중세 영국인들은 대학교에서 꼭 배워야 할 중요한 말이라고 생각했다. 고대 그리스와 로마의 고전을 가르치는 일이 성경 강의만큼이나 가치 있는 일로 인식되었다. 고대 그리스어와 라틴어로 된 고전들을 공부하기 위해, 학생들은 어려운 옛날 말들을 억지로 배웠던 것이다. 쉽게 비유를 하자면 우리나라 대학교에서 중국의 고전들을 공부하기 위해서 한문을 배우는 것과 같다. 물론 한국 대학생들이 한문 배우기를 싫어하는 것처럼, 옥스퍼드 대학생들도 이런 옛날 언어를 배우는 것을 무척이나 싫어했고, 무슨 일만 생기면 핑계를 대서 그리스어와 라틴어 수업을 빼먹으려 했다. 학생들에게는 불행하게도 옥스퍼드대학교에서 고대 그리스어와 라틴어 강의는 각각 1960년과 1920년까지 계속 필수 과목이었다.

1231년 옥스퍼드대학교는 정식 법인 학교로 인가를 받았고, 1248년에는 잉글랜드 국왕인 헨리 3세(1207-1272)로부터 칙허와 면허장을 받게 된다. 국왕이 학교의 권위와 합법성을 인정한 것이다.

오늘날 서강대나 가톨릭대에서 성직자들이 학생들을 가르치는 교수를 맡는 것처럼, 영국에서도 수도사인 로저 베이컨(Roger Bacon, 1220-1292)이 1247년부터 10년 동안 옥스퍼드대학교에서 학생들을 상대로 화학에 관련된 강의를 했다. 그는 1260년 초석과 유황과 목탄을 7:5:5의 비율로 혼합하여 흑색 화약을 만든 인물로도 유명한데, 아마도 옥스퍼드대학

▶ 수도사 출신의 옥스퍼드대학 교수인 로저
베이컨. 그는 서구에서 최초로 화약을 만든 화
학자이기도 했다.

교에서 강의했던 각종 화학 지식들이 유용하게 작용하지 않았을까?

옥스퍼드대학교에서 강의를 한 성직자는 베이컨 이외에도 있었다. '오컴의 면도날' 이론으로 유명한 철학자이자 수사 윌리엄 오컴(William Ockham, 1287-1347)과 영국에서 최초로 종교개혁을 부르짖었던 존 위클리 프(John Wycliffe, 1320-1384)도 옥스퍼드대학교에서 학생들을 가르치고 학문에 열중했다.

15세기 중엽으로 접어들면서 유럽이 르네상스와 종교개혁의 열풍에 휩싸이자, 그때까지 가장 유력한 학문이었던 신학에도 변화가 생겼다. 기존의 가톨릭 교리에 대한 무조건적인 옹호보다는 인간의 이성과 지혜로 종교를 합리적으로 판단하려는 움직임이 일어났던 것이다. 그래서 옥스퍼드대학교에서도 이러한 시대적인 추세에 따라, 유럽 대륙과 영국에서 이름난 종교개혁 학자들을 초빙하여 학생들에게 새로운 학문을 가르쳤다. 그중에서 가장 유명한 사람은 네덜란드 출신의 철학자인

데시데리우스 에라스무스(Desiderius Erasmus, 1466-1536)이다. 그는 옥스퍼드 대학생들에게 신에 대한 복종보다는 인간의 자유의지를 강조하는 가르침을 남겼다.

이러한 에라스무스의 가르침이 훗날 영국인들에게 정신적인 자립을 이룩하게 했다고 보는 견해도 있다. 자신의 자유의지에 따라 스스로의 힘과 노력으로 운명을 극복해야 한다는 교훈이 영국인들로 하여금 거친 바다를 뚫고 나가 세계를 정복하게 만들었다는 것이다.

또한 자유의지에 대한 강조는 후에 이(理)신론과 무신론으로 이어지기도 했다. 이신론은 무신론과 유신론의 중간쯤에 있는 이론인데, 신이 존재하고 세계를 창조한 것은 맞지만 창조 후에 신은 그냥 방관자로 남을 뿐이며 세계와 역사를 만드는 것은 어디까지나 인간 자신이라는 주장이다. 18세기 말 미국을 세운 이른바 '건국의 아버지들'도 대부분은 이신론자였다. 그리고 19세기에 이르자 인간의 자유의지가 극단적으로 강조되면서 아예 신과 사후 세계의 존재 자체를 부정하고, 오직 인간만이 존재한다는 무신론이 크게 대두되었다. 이 무신론의 연장선상에서 유물론적 무신론을 바탕으로 한 공산주의가 탄생했다.

이상적인 사회인 '유토피아'를 주장했던 유명한 학자이자 성직자인 토마스 모어(Thomas More, 1478-1535)도 옥스퍼드대학교에서 강의를 한 바 있다. 토마스 모어는 잉글랜드 국왕인 헨리 8세(1491-1547)의 친구로 비서로도 활동했으나, 나중에는 헨리 8세의 노여움을 사서 처형당했다. 그러나 그가 남긴 '유토피아'의 개념은 오늘날까지도 전해지고 있으니 결

▲ 옥스퍼드대학교에서 학생들에게 인간의 자유의지를 가르쳤던 네덜란드의 학자, 에라스무스

▲ 옥스퍼드대학교에서 강의를 했으며, 이상적인 사회인 유토피아를 고안한 토마스 모어

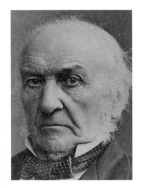

▲ 옥스퍼드대학교에서 공부를 했던 영국 총리, 윌리엄 글래드스턴

◀ 옥스퍼드대학교에서 공부를 한 다음, 신대륙 탐험가가 되었던 월터 롤리. 영국에 처음 감자와 담배를 가져온 사람도 바로 그였다.

코 노력이 헛되지는 않은 셈이다.

대영제국의 기초를 닦았다고 평가받는 엘리자베스 1세(1533-1603) 시대가 되자, 옥스퍼드대학교에서 공부한 학생들 중에서 유명 인사들이 속속 배출되기 시작했다. 영국인으로서 아메리카 대륙을 최초로 방문한 탐험가이자 뛰어난 해군 제독인 월터 롤리(Walter Raleigh, 1554-1618)가 바로 옥스퍼드대학교에서 법학을 공부했던 학생 출신이다. 그는 스페인이 지배하고 있던 아메리카 신대륙에 영국이 진출하여, 스페인을 몰아내고 세계사를 주도해야 한다고 굳게 믿었던 인물이기도 했다. 당시 영국이 스페인에 국력이 못 미쳤기 때문에 그의 이런 생각을 실현시키지 못했지만, 그가 죽고 나서 300년 뒤 대영제국의 시대가 열린 것을 감안한다면 시대를 앞서 간 선구자라 할 만하다. 옥스퍼드대학교에서의 수업이 그에게 새로운 세계로 향하는 문을 열어 준 것은 아니었을까.

기묘한 일치지만, 멕시코의 아즈텍 제국을 정복한 스페인의 코르테스(Hernán Cortés, 1485-1547) 역시 살라망카대학교에서 법학을 공부한 바 있다. 19세기 초 미국의 7대 대통령이자 북미 원주민들과의 전쟁에서 큰 공을 세운 앤드류 잭슨(Andrew Jackson, 1767-1845) 역시 원래는 변호사였다. 법을 배웠다는 사실이 전쟁과 야망에 무슨 역할이라도 하는 것일까?

옥스퍼드대학교는 1598년에 도서관 건설을 시작하여 1602년에 정식으로 개관했다. 옥스퍼드대학교 도서관은 영국의 모든 대학들이 가진 도서관들 중에서 가장 규모가 크며, 소장한 책들의 권수가 자그마치 1,100만 권에 이른다. 이처럼 방대한 지적 기반에 힘입어 옥스퍼드대학교가 영국뿐만 아니라 세계 제일의 명문 대학으로 인정받는 것이다.

또한 1683년 옥스퍼드대학교는 애슈몰린 박물관(Ashmolean Museum)을 개관하고, 모든 사람들이 무료로 입장할 수 있도록 배려했다. 애슈몰린 박물관은 영국과 세계를 통틀어 가장 오래된 대학교 박물관으로 평가받고 있다. 이곳에는 레오나르도 다빈치(Leonardo da Vinci, 1452-1519)의 조각품들을 비롯하여 전 세계의 수많은 고전 예술품들을 보관하고 있으며, 대학생들과 관람객들에게 폭넓은 예술과 교양을 심어주는 데 큰 역할을 해 왔다.

19세기 대영제국 시대에 세계를 무대로 명성을 떨친 인물들 중에서도 옥스퍼드대학교 출신이 많다. 광대한 아프리카 대륙을 영국의 식민지로 만들었던 사업가이자 정복자 세실 로즈(Cecil Rhodes, 1853-1902), 세계 고전 명작인 『아라비안나이트』를 발굴해 영어로 번역한 리처드 버턴(Richard Burton, 1821-1890), 『도리언 그레이의 초상』을 쓴 소설가 오스카 와일드(Oscar Wilde, 1854-1900)도 모두 옥스퍼드대학교에서 수학한 사람들이다.

무엇보다 옥스퍼드대학교가 영국에 남긴 가장 큰 공헌은 영국을 움직이는 총리들 중 상당수가 바로 이 대학교에서 공부했다는 점이다. 19세기 영국의 총리였던 조지 캐닝(George Canning, 1770-1827)과 윌리엄 글래드스턴(William Gladstone, 1809-1898), 그리고 20세기 철의 여인으로 불린 마거릿 대처(Margaret Thatcher, 1925-2013) 총리도 옥스퍼드대학교 출신이다.

윌리엄 글래드스턴은 영국 국민들에게 '위대한 노인'으로 불리며 대영제국이 세계사의 주도권을 확고하게 장악할 수 있도록 만든 인물이다. 그의 재임 시절에 영국은 최대의 국력을 자랑하며 전 세계 각지로 방대한 식민지들을 건설해 갔다. 마거릿 대처는 1979년부터 1990년까지 영국 총리로 재임하면서 무기력에 빠진 영국 사회에 새로운 활력을 불어넣었다는 평가를 받는다. 이처럼 옥스퍼드대학교 출신자들은 결정적인 고비마다 영국의 위치를 한 단계 진전시켜 나간다. 『삼국사기』에서 화랑을 가리켜 "훌륭한 장군과 재상들이 모두 여기서 나왔다."고 평가한 것처럼, 옥스퍼드대학교를 두고도 같은 말을 할 수 있으리라.

옥스퍼드대학교에 여학생의 입학이 허락된 것은 1875년이었다. 그리고 여학생들만을 위한 공간인 '레이디 마거릿 홀'이 1879년에 개관되었다. 하지만 1927년까지 옥스퍼드대학교는 한 해에 입학하는 여학생들의 수를 최대 35명으로 제한하는 정책을 유지하였다. 그만큼 옥스퍼드대학교는 여성의 학업 참여를 달갑게 여기지 않았던 보수적인 학풍을 오랫동안 고수했던 것이다.

인재 배출 이외에도 옥스퍼드대학교는 학문의 연구에서 큰 업적을 세웠다. 옥스퍼드대학교에서 만든 영어 사전은 세계에서 가장 정밀하고 권위 있는 영어 관련 서적으로 평가받는다. 또한 1478년에 출판사를 설립하고, 자체적으로 우수한 명저들을 출간하고 있다.

아이작 뉴턴을 낳은 케임브리지대학교

옥스퍼드대학교와 어깨를 나란히 하는 명문 학교인 케임브리지대학

▲ 케임브리지대학교의 전경

교는 1209년에 창설되었다. 그리고 1231년 옥스퍼드대학교처럼 잉글랜드 국왕인 헨리 3세로부터 정식 승인을 받았다. 아울러 1233년에는 세금 감면의 혜택까지 받았다. 학교는 돈 걱정 없이 교육에만 전념하라는 배려였다. 1290년 로마교황 니콜라스 4세가 쓴 편지에 이름이 언급될 정도로, 케임브리지대학교의 명성은 일찍부터 외국에도 알려졌다.

또한 케임브리지대학교는 초창기부터 기부금 입학 제도를 도입했다. 일정한 액수의 기부금을 내면 입학 자격을 주었던 것이다. 그래서 케임브리지대학교 학생들 중 상당수는 부유한 왕족이나 귀족의 아들들이었다. 돈을 내고 학위를 산다는 비판을 받을 수도 있다. 실제로 영국에서

▶ 올리버 크롬웰의 초상화. 그는 국왕 찰스 1세를 처형하고 엄격한 청교도식 독재정치를 시행하여 영국인들에게 불만을 샀으나, 한편으로 영국이 강대국으로 성장할 수 있는 기틀을 마련한 인물이기도 하다.

는 19세기까지 돈을 내고 육군 계급을 사는 일도 가능했다. 하지만 한편으로는 대학의 재정난을 해결하는 좋은 수단이기도 했다.

케임브리지대학교도 초창기에는 옥스퍼드대학교처럼 신학을 가장 중요시했다. 그러나 1536년 잉글랜드 국왕 헨리 8세가 교회법을 제정하여 새로운 종파인 성공회를 만들고 가톨릭 교회를 탄압하면서 케임브리지대학교에도 변화가 일어났다. 신학 대신에 고대 그리스와 로마의 고전 교육, 수학과 철학, 논리학과 정치학 등이 중요한 학문으로 부상하기 시작한 것이다. 케임브리지대학교가 배출한 인재들 가운데는 영국의 명예혁명 와중에 국왕인 찰스 1세를 처형하고 영국을 공화국으로 만든 올리버 크롬웰(Oliver Cromwell, 1599-1658)이 있다. 그는 젊은 시절 엄격한 청교도적 정치로 백성들을 억압했고, 스코틀랜드와 아일랜드에

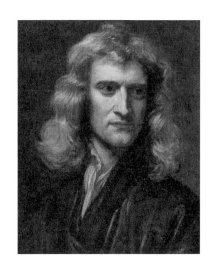

▶ 케임브리지대학교가 낳은 최고의 천재인
아이작 뉴턴

서 벌인 잔인한 전쟁으로 인해 비판을 받기도 했다. 하지만 영국의 해
외무역을 크게 장려하고 해군력을 증강하여 훗날 영국이 세계의 제해
권을 장악하는 데 큰 공을 세우기도 했다.

하지만 크롬웰보다 더 훌륭한 업적을 남긴 인물이 있으니, 바로 아이
작 뉴턴(Isaac Newton, 1642-1727)이다. 1661년 아이작 뉴턴은 케임브리지대
학교 소속의 트리니티 칼리지에 들어가 수학과 철학을 공부했다. 4년
후인 1665년 4월엔 케임브리지대학교로부터 학사 학위를 수여받았다.
그리고 1669년 아이작 뉴턴은 모교에서 후배 대학생들에게 수학을 가
르치는 교수가 되었다. 케임브리지대학교에서 얻은 지식을 바탕으로
뉴턴은 1684년 그 유명한 만유인력의 법칙을 발표하여 영국의 과학계
를 놀라게 했다. 모든 물체는 질량과 상관없이 일정한 중력에 이끌린다

는 만유인력의 법칙은 아리스토텔레스가 남긴 과학론에서 2천 년 동안이나 헤어나지 못하고 있던 서양의 과학계에 획기적인 충격을 던져 주었던 것이다.

아이작 뉴턴은 만유인력의 법칙을 비롯하여 세상의 모든 자연과 사물에는 그것을 움직이는 일정한 법칙이 있다는 기계론을 주창했다. 이 기계론은 사물을 철저하게 분해하여, 그것이 활동하는 근본적인 원리를 알아내는 식의 과학과 화학 기술 발전에 막대한 영향을 끼쳤다. 기계론으로 말미암아 근대 서양의 눈부신 과학 발전이 가능했다고 해도 과언이 아니다.

케임브리지대학교에 여학생 입학이 허락된 때는 1885년이었다. 그러나 초창기 여학생들은 학업 태도나 성취도에서 남학생들보다 뒤떨어졌으며, 1948년이 되어서야 비로소 남학생들과 동등하다는 평가를 받을 수 있었다. 여학생들의 수가 적었던 데다, 19세기 말까지 서구 사회는 여성의 지성이나 교양을 그다지 중시하지 않았기 때문이었다.

19세기 말로 접어들면서 옥스퍼드와 케임브리지 두 대학교는 가르치는 과목의 수를 점차 늘려 갔다. 인류의 기원을 밝혀내기 위한 고고학과 인류학, 영국과 다른 나라들 간의 분쟁이 벌어질 때 이를 해결하기 위한 국제법학, 영국이 세계 각지에 건설한 방대한 식민지들의 현지 사정을 파악하기 위한 지질학과 지리학, 사람의 건강을 지키고 각종 병들을 연구하기 위한 임상의학, 그리고 영국의 경제를 떠받치는 자본주의 체제를 이해하기 위한 경제학 과정 등이 잇따라 개설되었다.

20세기에 들어 영국은 1914년과 1939년 두 차례의 세계대전에 참전했다. 이때 옥스퍼드대학교와 케임브리지대학교의 학생들은 위기에 빠진 조국을 지키기 위해 스스로 앞장서서 군대로 달려가 전선에 나가 용감히 싸우다 전사하였다. 그래서 두 학교의 공동묘지에는 1, 2차 세계대전에 참전했다가 목숨을 잃은 학생들의 이름을 기록한 묘비가 서 있다. 오늘날 두 대학교에 다니는 학생들도 그러한 선배들의 업적을 자랑스럽게 기억한다.

한편 17세기 초부터 영국인들의 신대륙, 즉 미국 이주가 시작되면서 옥스퍼드와 케임브리지 같은 대학교로부터 영향을 받은 대학교들이 미국에도 설립되기 시작했다. 1636년 미국 매사추세츠 주의 케임브리지에는 하버드대학교가, 1701년에는 미국 코네티컷 주의 뉴헤이번에 예일대학교가 세워졌다. 그중에서 오늘날까지 미국 최고의 명문대로 평가받는 하버드대학교가 세워진 곳이 케임브리지라는 것이 흥미롭다. 하버드대학교는 케임브리지의 분교라는 의미를 담고 있는 것일까?

07

기차

왜 영국은 식민지에 철도를 부설했을까?

    수천 년 동안 인간은 육상에서 이동할 때 말이나 수레를 이용하는 것보다 더 빠른 수단을 찾지 못했다. 오랫동안 인간은 속도의 한계에 갇혀 있었던 것이다.

    그런데 이런 속도의 벽을 완전히 깨뜨리고, 인간이 더 이상 동물의 힘에 의존하지 않고도 더 빠르게 육상에서 이동할 수 있는 교통수단인 기차가 등장했다. 지금은 전기로 움직이지만, 20세기 초까지 전 세계의 모든 기차는 석탄을 때서 나오는 열을 이용한 증기력으로 움직였다.

    세계 최초의 증기기관을 만든 나라는 영국이고, 당연히 기차를 최초로 발명한 나라 역시 영국이다. 영국의 보일러 기술자였던 조지 스티븐슨(George Stephenson, 1781-1848)은 1814년 30톤의 짐을 싣고 시속 6km로 달릴 수 있는 증기터빈 기관차를 만들었다. 1825년까지 그는 15대의 기차를 만들었다.

    또한 스티븐슨은 이전까지의 증기기관차들이 먼 거리를 다니지 못

FIG. 55.—The " Rocket," 1829.

▲ 조지 스티븐슨이 발명한 증기기관차 '로켓'

했던 이유 중의 하나가 기차가 달리는 도로의 상태가 나빴다는 것에 착
안하여, 이 문제를 보완하기 위해서는 기차가 안정적으로 달릴 수 있
는 도로를 따로 만들어야 한다고 보았다. 1829년 스티븐슨이 개발한 증
기기관차 '로켓(Rocket)'은 배기촉연장치와 내연 다연관식 기관을 갖추고
60km의 철도를 달리는 데 성공하여, 그 후에 출시될 증기기관차들의
기본적인 모델이 되었다.

증기기관차의 원리는 다음과 같다. 기관차 안의 보일러실에서 석탄

을 때서 발생한 증기를 실린더 양쪽에 계속 넣어 주면, 실린더 안의 피스톤이 앞뒤로 왕복하며 에너지를 만든다. 여기서 나오는 견인력이 크랭크축을 지나 바퀴를 돌려 기차가 움직이게 된다.

에너지로 변환된 후의 증기는 기차 밖으로 배출되어야 하기 때문에 증기기관차들은 기관차의 앞에 굴뚝을 달았다. 증기기관차가 나오는 영화들을 보면 기관차에 달린 굴뚝 위로 하얀 연기가 나오는 광경이 흔히 등장하는 것도 그 때문이다.

1829년 이후부터 시작된 기차와 철도는 제임스 와트(James Watt, 1736-1819)가 개발한 방적기에 필적하는 제2의 산업혁명이라고 불린다. 사람과 물자를 말이 끄는 마차보다 더 많이, 더 빨리, 그리고 더 안정적으로 수송할 수 있는 기차는 자연히 제조에 필요한 철의 수요를 늘렸고, 다시 철을 생산할 광산과 공장, 거기서 일할 노동자들의 수요도 증가시켰다.

기차와 철도, 서구 열강의 세계 정복에 날개를 달아 주다

또한 기차와 철도는 서구 제국주의의 충실한 첨병이 되었다. 철도가 놓임으로써 서구의 세력이 얼마나 더 빨리, 더 널리 팽창했는지는 아프리카를 보면 알 수 있다.

1800년 이전까지 유럽 열강이 차지한 아프리카의 식민지 영토는 매우 적었다. 아프리카를 대상으로 한 식민지 쟁탈에 가장 오랫동안 종사한 포르투갈도 고작 앙골라와 모잠비크의 해안 지대를 차지하는 것이

전부였다. 영국의 식민지도 지금의 남아프리카공화국을 제외하면 나이지리아와 가나 및 시에라리온의 해안 도시 몇 곳에 불과했으며, 스페인과 프랑스의 식민지는 남부 모로코와 알제리 해안 지역 일부에 그쳤다.

이미 군사력에서 아프리카의 나라들보다 훨씬 우세한 위치에 있던 유럽 열강이 왜 아프리카의 해안 지대에서만 머무르고 내륙 깊숙한 곳으로는 들어가지 못했을까? 이유는 간단하다. 아프리카의 지독하게 무더운 날씨와 우글거리는 벌레들이 퍼뜨리는 말라리아 같은 전염병에 유럽인들이 견뎌 내지 못했기 때문이다. 유럽인들은 사막과 울창한 정글로 덮인 아프리카 내륙 깊숙이 들어가 물자를 수송할 보급로를 마련하기가 불가능했고 식민지 건설도 따라서 불가능했던 것이다.

그런데 19세기 초부터 이런 상황에 변화가 일어났다. 1820년 프랑스의 화학자인 피에르 조셉 펠르티에(Pierre Joseph Pelletier)가 말라리아와 열병을 치료하는 약인 퀴닌(quinine)을 개발한 것이다. 이 퀴닌이 얼마나 효험이 있었는지, 19세기에 아프리카로 이주하는 유럽인 식민지 개척자들은 반드시 퀴닌을 상비약으로 가져갈 정도였다.

또한 기차와 철도의 도입도 유럽의 아프리카 침략을 도왔다. 1829년 영국에서 시작된 기차와 철도는 1830년 미국, 1832년 프랑스, 1835년 벨기에, 1836년 캐나다에도 도입되었다. 1853년과 1872년에는 인도와 일본에도 철도가 부설되면서 1880년 무렵에는 전 세계적으로 기차와 철도가 본격적으로 개통되었다.

영국과 프랑스 등 서구 열강은 이러한 기차와 철도를 이용하여 아프리카의 정복에 나섰다. 아프리카 현지에서 값싼 임금을 주고 모집한 노동자들에게 철도를 깔고 기차를 만들어 조립하게 한 다음, 유럽의 군대가 그 기차에 무기와 식량 등 물자를 싣고서 아프리카 내륙 곳곳으로 신속하게 쳐들어갔다. 결과적으로 아프리카인들은 자신들을 침략할 외국 군대를 자신들이 만든 철도와 기차로 불러들인 꼴이 되고 말았다.

한 예로 1897년 1월 1일 영국은 수단을 정복하기 위해 '수단 군사철도'를 건설했다. 이 공사를 담당한 총책임자는 호레이쇼 허버트 키치너 (Horatio Herbert Kitchener, 1850-1916) 장군이었다. 당시 수단은 이슬람 원리주의를 내세운 종교 세력인 마흐디 교단이 지배하고 있었다. 열렬한 신앙심으로 무장한 마흐디 교단은 이방인 침략자인 영국에 대한 증오로 무장되어 있었으므로 영국에 맞서 강렬하게 저항하였다. 이들의 기세는 매우 높아서, 1883년 11월 5일 엘 오베이드 전투와 1885년 1월 26일 하르툼 공방전에서 영국군을 두 번이나 무찔렀을 정도였다. 영국군이 아프리카에서 같은 적을 상대로 두 번의 패배를 당해 보기는 처음이어서, 영국인들도 마흐디 교단을 무척이나 어려운 적으로 여겼다.

냉철함과 결단력을 모두 갖춘 인물인 키치너는 영국군이 당한 패배의 원인을 치밀하게 분석했다. 그가 내린 결론은, 병참선이 너무 길어지는 바람에 영국군 부대가 보급을 제대로 받지 못한 채 적진 깊숙이 들어갔다가 포위와 역습을 당해 궤멸되었다는 것이었다. 특히 사막의 덥고 건조한 기후가 문제였다. 무더위 때문에 영국군 병사들이 금세 지친데다 물이 금방 말라 버려, 갈증과 피로에 시달리던 영국군은 현지 지리

▶ 19세기 말, 영국 최고의 명장이었던 호레이쇼 허버트 키치너. 그는 옴두르만 전투에서 마흐디 교단을 격파하고 수단을 정복하여 영국인들의 열렬한 추앙을 받았다.

▲ 수단 군사철도에 말을 싣는 영국군 병사. 원래대로 사막을 행군하면 지쳐 녹초가 되었을 말들도, 기차에 태워 이동시키니 생생한 기세를 가진 채로 전투에 투입될 수 있었다.

에 익숙한 마흐디 교단의 기습을 받고 무너졌던 것이다.

그래서 키치너는 병참 문제를 해결하기 위해 철도 건설을 계획했다. 철도가 놓이면 이동 속도가 말이나 낙타보다 훨씬 빠르고 더 많은 식량과 물자를 적진 깊숙이까지 실어 나를 수 있었다.

키치너는 3천 명의 인부들을 동원하여 공사를 진행하였는데, 인부들 대부분은 영국 정부가 지급하는 돈을 받으려고 수단 현지에서 자원한 사람들이었다. 공교롭게도 그들은 자기 나라를 정복하려는 영국군을 도운 셈이 되고 말았다.

만약 철도 공사가 진행 중일 때 마흐디 교단이 건설 현장을 공격했다면, 영국의 야심도 좌절되었을지 모른다. 그러나 마흐디 교단은 영국군이 자신들의 앞마당에 철도를 놓는다는 사실을 알면서도 아무런 조치도 취하지 않았다. 두 번의 승리를 거두자 영국군을 얕잡아 본 데다 게릴라전이 아닌 정면 대결로 영국군을 제압하겠다는 계획을 세웠기 때문이었다. 그래서 키치너는 아무런 방해도 받지 않고 철도 건설을 무사히 마쳤다. 이 철도를 이용하여 영국군은 신속하게 수단의 중심부인 옴두르만까지 진격하였고, 자신만만해하던 마흐디 교단을 옴두르만 전투에서 격파시켜 버렸다.

1898년 옴두르만 전투에서의 승리로 영국은 수단을 정복했으며, 곧이어 우간다 · 케냐 · 나이지리아 · 짐바브웨 · 잠비아 · 보츠와나를 차례로 정복했다.

프랑스와 독일 등 다른 유럽 열강들은 영국을 잔인한 제국주의자라고 입으로는 비난하면서도, 그들 역시 앞다투어 아프리카를 침략하여 식민지로 삼는 데 여념이 없었다. 프랑스는 이미 차지하고 있던 알제리와 튀니지의 내륙 영토에 이어 말리, 니제르, 차드를 점령했다. 신흥 강대국인 독일도 아프리카 쟁탈전에 뛰어들어 토고, 카메룬, 나미비아, 탄자니아를 손에 넣었다. 유럽의 작은 약소국인 벨기에도 광대한 콩고를 차지했으며, 포르투갈은 앙골라와 모잠비크를 식민지로 삼았다.

물론 아프리카와 아시아 등지에서 가장 넓은 식민지를 확보한 나라는 영국이었다. 영국의 국력이 최전성기에 달한 1910년 영국이 보유한 식민지는 지구 육지 표면 전체의 3분의 1에 달했을 만큼 광대했다. '해가 지지 않는 대영제국'이란 표현도 이 무렵에 나왔다.

최초의 증기기관차와 철도를 만든 영국이 세계 식민지 개척에 가장 적극적이었고 큰 성과를 거두었던 것도 어찌 보면 당연하다고 할 수 있겠다.

08

신문

영국의 정론지, 200년 전부터 존재했다

인터넷에 밀려 그 위상이 많이 약해지기는 했으나, 여전히 신문은 정보를 알려 주며 여론을 형성하는 중요한 도구이다. 신문을 발행하는 신문사는 입법, 사법, 행정에 이어 제4부라고 칭할 만큼 우리 사회에서 막강한 영향력을 행사하고 있다. 비록 젊은 세대들의 신문 구독률은 낮아지고 있지만 나이 든 세대들은 아직도 종이 신문에 대한 애착이 강하다. 또한 조선일보와 동아일보와 중앙일보 등 이른바 '조중동'이라 불리는 3개의 거대 신문사들은 그동안 쌓아 놓은 막대한 자금력과 정치권과의 결탁을 통해 TV 방송인 종편에까지 진출하면서 그 영향력을 한층 굳혀 나가고 있다. 그래서 이런 유력한 언론사 사주를 가리켜 '밤의 대통령'이라고 하기도 한다.

이러한 신문은 언제 어떻게 시작되었을까?

르네상스 시대, 유럽에서 시작된 신문

새로운 소식을 알리는 글을 적어서 발표하는 일은 고대 중국과 로마 시대부터 전해 내려왔다. 고대 중국의 한나라에서는 조정에서 새로운 관리가 임명되고 파면되는 소식들을 종이나 목간에 적어 조정의 관리들에게 보냈는데, 이를 '관보(官報)'라고 한다. 로마에서는 원로원에서 토의된 내용을 원로원 벽에다 적어 시민들에게 알렸다. 이런 것들이 신문의 원형이라고 볼 수도 있으나, 지금처럼 종이에 적어서 상업적으로 판매한 것은 아니기 때문에 신문에 직접 연결시키기는 무리이다.

오늘날과 같이 상업용으로 정보를 적어 판매하는 신문은 15-16세기 무렵 르네상스를 맞이한 유럽에서 처음 나타났다. 이때 영국, 프랑스, 스페인에서는 목판활자로 인쇄한 출판물이 시민들에게 판매되었다. 이 출판물들은 새로운 소식과 광고용 문구 및 삽화를 포함하고 있었다. 당시에는 글을 소리 내어 읽는 문화가 있었기 때문에, 사람들은 이것을 사면 큰 소리로 읽고는 했다. 하지만 목판활자는 지금의 금속활자와는 달리 짧은 시간에 많은 양을 찍어 내지 못했으므로 출판물의 발행량은 매우 적었다. 그래서 이 출판물을 구입하여 읽는 사람도 많지 않았다.

그런가 하면 16세기 독일 금융업계의 큰손이던 푸거(Fugger) 가문에서는 정부의 관리들과 상인들을 대상으로 하는 출판물을 인쇄해서 팔았다. 이 출판물은 주로 상업에 관련된 새로운 소식들을 담았고, 미리 이것을 사서 읽겠다고 구매자 명단에 이름을 올린 사람들에게만 한정적

▲ 신문을 읽으며 평화로운 분위기에 잠겨 있는 중산층 가족들

으로 판매되었다. 아무래도 돈벌이에 관한 소식을 담은 중요한 뉴스 관련 출판물이다 보니, 아무한테나 함부로 보여줬다가는 자칫 정보가 새어 나가 돈벌이를 망칠 수 있다는 우려에서 미리 그렇게 조치를 한 듯하다. 게다가 이 출판물의 구독료도 꽤나 비싸서 평범한 사람들은 선뜻 사서 읽기도 어려웠다.

세계 최초로 일반 대중을 대상으로 대규모의 공개적인 보급 판매를 시작한 신문인 가제트(Gazette)는 1536년 이탈리아의 도시국가인 베네치아에서 발행되었다. 베네치아 정부는 〈가제테스(Gazzettes)〉라는, 당시 베네치아의 적국인 오스만제국(지금의 터키)과의 전쟁 소식을 4쪽 분량의 글로 적고 그것을 공공장소에 전시했다. 그리고 베네치아 시민들로 하여금 1가제타의 입장료를 내면 전시한 곳에 들어가 누구나 읽을 수 있도록 허락했다. 여기에서 훗날 신문을 뜻하는 말인 가제트(gazette)가 비롯된 것이다.

17세기로 접어들자, 금속활자의 도입 덕분에 인쇄술의 질이 향상되었고, 발행하는 출판물의 수도 늘어났다. 1605년 신성로마제국에 소속된 자유도시였던 스트라스부르에서 독일어로 발간된 〈릴레이션 오브 스트라스부르(Relation of Strasbourg)〉는 정기적인 뉴스를 알리는 소식지로 평가받고 있다. 그러나 스트라스부르는 현재 프랑스 영토인 알자스에 있기 때문에, 현대 독일에서 가장 오래된 정기 발행 소식지는 볼펜뷔텔(Wolfenbüttel)에서 1609년에 발행된 〈아비사(AVISA)〉로 인정받는다.

여기서 잠시 설명하자면, 스트라스부르가 있는 알자스 지역은 로렌

지역과 함께 원래는 신성로마제국(독일)의 영토였다. 그러다가 1648년 신성로마제국과 싸워 승리한 프랑스가 알자스와 로렌을 점령하면서 이 두 지역은 프랑스의 영토로 편입되었다.

1618년에는 스페인에서 막 독립한 네덜란드의 수도인 암스테르담에서 〈뒤트슬란트(Duytslandt)〉라는 신문이 발행되었다. 그 무렵 암스테르담은 새로운 대서양 무역의 중심지였고, 상업에 관련된 온갖 정보들이 쏟아져 들어오던 터라서 그것들을 인쇄물로 정리해서 발행할 필요가 있었던 것이다.

영국의 신문 〈더 타임즈〉, 현대 신문의 원형을 이룩하다

1632년 영국의 수도인 런던에서는 〈뉴스북(newsbooks)〉이라는, 팜플렛 형태로 뉴스를 전하는 출판물이 발행되었다. 이 〈뉴스북〉은 1665년 영국 옥스퍼드대학교에서 발행하는 〈옥스퍼드 공보(Oxford Gazette)〉가 등장할 때까지 계속 발간되었다. 영국 북부 스코틀랜드의 수도인 에든버러에서는 1660년에 〈칼레도니우스(Caledonius)〉라는, 짧은 내용의 기사를 담은 신문이 1년 동안 발간되었다.

1679년이 되자 영국에서는 비로소 신문의 저작권에 대한 인식이 생겼고, 저작권을 법으로 규정해야 한다는 여론이 일었다. 많은 노력을 통해 마침내 신문에 관련된 저작권을 법으로 정리하여 등록하기에 이르렀다.

▲ 파리에서 신문을 사는 사람들(1848년 작품). 영국 런
던에서 신문을 사는 사람들도 저 모습과 비슷했으리라.

1710년에는 정치적인 논조를 담은 신문이 발행되었다. 『로빈슨 크루소』의 저자인 다니엘 디포(Daniel Defoe, 1660-1731)와 『걸리버 여행기』의 저자인 조나단 스위프트(Jonathan Swift, 1667-1745)는 〈월간신문(monthly newspaper)〉을 발행하여 영국 정치에 대한 각자의 생각을 담아 논평했다. 특히 조나단 스위프트는 신랄한 비평으로 영국 정치를 비꼬았다. 참고로 그가 쓴 소설인 『걸리버 여행기』는 흔히 알려진 것과는 달리, 어린이를 대상으로 한 동화책이 아니라 어른 독자들을 대상으로 한 세태풍자소설이었다. 『걸리버 여행기』에서 조나단 스위프트는 영국 정치인들이 서로를 배려하지 않고 격렬하게 논쟁을 벌이고 대립하는 모습을 가리켜 "그들의 머리를 반씩 잘라서 서로에게 갖다 붙이면, 다른 생각을 잘 이해할 수 있을 것이다."라고 조롱한 바 있다. 아마 월간 신문에 싣는 글에서도 그런 식으로 영국 정치를 풍자했으리라.

1753년이 되자 영국에서 연간 판매되는 신문들의 총 발행 부수는 7,411,757부에 달했다. 1760년에는 9,464,790부였으며, 1767년에는 11,300,980부로 폭발적인 증가세를 보였다. 1776년 런던에서 발행되는 신문은 53가지나 되었다.

1783년과 1788년에는 세계 신문 역사에 한 획을 그을 큰 사건이 영국에서 일어났다. 1783년 1월 스코틀랜드의 도시인 글래스고에서는 〈헤럴드(Herald) 신문〉이 발행되었고, 5년 후인 1788년 1월 1일에는 런던에서 일간지인 〈더 타임즈(The Times)〉가 발간된 것이다.

〈헤럴드 신문〉은 매주 정기적으로 발행되는 주간지였다. 이제까지의 신문들이 비정기적으로 발행되던 것에 비해, 일주일의 간격을 두고 정기적으로 발행된다는 점에서 큰 변화였다. 또한 〈헤럴드 신문〉은 오늘날처럼 기업을 소유한 광고주들이 신문에 광고를 내고 지불한 광고비로 신문을 발행했다.

〈헤럴드 신문〉보다 더 큰 성공을 거둔 신문인 〈더 타임즈〉는 세계 최초로 발행된 일간지였다. 〈더 타임즈〉는 그 전까지 영국이나 유럽에서 발행되던 신문들보다 획기적인 방식을 도입한 참신한 신문이었다. 우선 독자들이 신문을 읽기 쉽게 로마 서체를 도입했으며, 국가적으로 큰 행사가 있거나 공휴일이면 신문 발행을 쉬던 다른 신문사들과는 달리 매일 신문을 발행해 독자들의 기대에 부응했다. 또한 〈더 타임즈〉는 언론의 자유를 철저히 보장받는 영국답게 정치 · 경제 · 사회 · 문화 등 광범위한 분야에 걸쳐 성역 없는 보도를 했다. 아울러 기사를 쓰기 위해 철저한 자료 조사를 원칙으로 했으며, 그로 인해 유언비어에 가까운 확인되지 않은 정보들을 마구 싣던 기존의 신문들과 다르게 신문의 신뢰성을 크게 높였다.

〈더 타임즈〉의 명성이 널리 퍼지자 세계 각지에서 〈더 타임즈〉의 이름을 딴 신문들이 속속 발행되었다. 물론 이것은 〈더 타임즈〉 측에서 먼저 그들과 의견 교류를 하여 자회사의 이름을 빌려주기로 한 합의에 따른 일이었다. 먼저 1838년에는 인도에서 〈인도 타임즈(The Times of India)〉가 발간되었으며, 1851년에는 미국에서 아직도 세계 최고의 신뢰를 받는 신문인 〈뉴욕 타임즈〉가 발행되었다. 또 1881년에는 〈LA 타임즈〉, 1891년에는 〈시애틀 타임즈〉, 1926년에는 호주의 〈캔버라 타임즈〉가 창간되었다. 좀 과장하자면 영국의 신문사인 〈더 타임즈〉가 오늘날 전 세계 대부분의 신문사들을 만들었다고 보아도 될 것이다. 그만큼 〈더 타임즈〉의 영향력이 대단했다는 증거이다.

〈더 타임즈〉는 1853년 영국이 프랑스와 연합군을 만들어 러시아와 싸운 크림전쟁 때, 전쟁이 벌어진 크림반도에 특파원들을 보내 전쟁터에서 벌어지는 끔찍한 참상들을 냉정하면서도 적나라하게 보도했다. 이것이 오늘날 종군기자의 선구가 되었다. 우리에게 백의의 천사로 유명한 나이팅게일도 크림전쟁의 참상을 다룬 신문 기사를 보고 간호사가 되어 자원해 전쟁터로 갔다고 전해진다.

19세기 말 영국이 세계 각지로 군대를 보내 식민지를 개척해 가면서 종군기자는 영국인들에게 매력적인 직업으로 인식되었다. 제2차 세계대전 당시 영국의 수상으로 나치 독일과 싸웠던 처칠도 젊은 시절에는 잠시 종군기자 활동을 했다. 그는 〈모닝 포스트(Morning Post)〉지에 소속된 종군기자로서, 1899년 자신이 직접 참전하여 목격했던 마흐디 전쟁의 참상을 다음과 같이 묘사했다.

영국군이 발사하는 맥심 기관총의 무시무시한 위력에, 마흐디군은 영국군의 근처에 올 수조차 없었다. 그리고 그들은 다시 싸울 수 없었다. 이것은 전투가 아닌 사형 집행이었다. 마흐디군의 시체는 평원에 넓게 펴져 널려 있었다. 그중 일부는 마치 기도라도 하는 것처럼 무릎을 꿇고 있었고, 나머지는 모두 팔과 다리가 잘려 나간 채로 발견되었다.

한국 신문의 역사

한편 한국에 최초로 등장한 근대적인 신문은 1896년 4월 7일 서재필 (1864-1951)이 창간한 〈독립신문(獨立新聞)〉이었다. 〈독립신문〉은 당시의 시대적인 흐름이었던 개화와 신학문 열풍을 타고, 조선도 서구 열강이나 일본처럼 서구의 근대식 문물을 받아들여야 한다는 취지로 창간된 신문이었다. 〈독립신문〉은 한문을 잘 모르는 일반 백성들을 위해 한글로만 기사를 써서 사람들로부터 큰 인기를 얻었다.

여기까지는 교과서에서도 다루어진 내용이다. 그러나 사실 〈독립신문〉에는 잘 알려지지 않은 어두운 구석도 있었다. 〈독립신문〉이 창간될 때 일본의 자금이 많이 들어가서 일본에 유리한 내용의 기사들이 많이 실렸다. 『의병을 찾아서』의 저자인 김태룡 씨가 밝혀낸 자료에 따르면, 〈독립신문〉은 일본의 외무대신과 주한 일본 공사 등 일본의 정부 기관으로부터 약 1천만 원의 자금 지원을 받았다고 한다.

아니나 다를까 〈독립신문〉에는 친일 논조의 글들이 적잖이 실렸다. 고종 33년 6호 〈독립신문〉에서는 '일본이 청나라와 싸워 이긴 덕분에 조선이 독립할 수 있었으니 일본에 감사하게 생각해야 한다.'는 논설이 실렸다. 또한 고종 34년 114호 〈독립신문〉에는 '사악한 청나라가 조선에서 쫓겨난 것은 하늘이 조선 백성에게 베푼 은혜'이며, 35년 별호에서는

▶ 〈독립신문〉이 한국 최고의 정치가라고 열렬히 찬양했던 이완용. 그는 열렬한 개화파이면서 동시에 친일파였다. 이런 성향은 〈독립신문〉도 마찬가지였다.

'조선은 일본의 화폐를 그대로 사용해야 한다.'는 지극히 친일매국적인 논설까지 실었다. 한 나라가 다른 나라의 화폐를 자국의 화폐로 쓴다면, 곧 그 나라에게 종속당하는 꼴이 되고 마는데도 말이다.

더욱이 〈독립신문〉은 조선이 자주적으로 부국강병을 이루는 것을 방해하기 위한 음해도 서슴지 않았다. 한 예로 고종 황제가 군함 2척을 외국으로부터 도입해 근대적인 해군을 창설하여 국방력을 증강하려는 계획을 발표하자, 여기에 대해 〈독립신문〉은 "세계의 모든 나라들이 조선을 독립국으로 인정하는데 무엇하러 군함을 들여오는가? 군대는 그저 도적떼나 평정할 정도의 소규모만 있으면 된다."라면서 극렬히 반대했다. 물론 그 속내는 조선이 일본에 맞설 정도로 군비 증강을 이루는 것을 막기 위함이었다.

그리고 〈독립신문〉은 일본에 저항하는 의병들을 비도(匪徒)라고 모욕

하는가 하면, 이토 히로부미(1841-1909)와 이완용(1858-1926)을 불세출의 천재이자 훌륭한 애국자라고 열렬히 찬양했다.

더욱 놀랄 만한 사실이 있다. 〈독립신문〉의 초대 회장인 안경수(1853-1900)는 일본과 손잡고 고종(1852-1919)을 몰아내려는 역모를 꾸미다가 발각되어 1900년에 처형당한 친일파였다. 이 정도면 〈독립신문〉이 대체 어떤 성격의 언론사였는지 충분히 이해할 만하지 않은가?

물론 근대 한국의 신문들이 전부 〈독립신문〉처럼 친일매국적인 것만은 아니었다. 1904년 7월 16일 영국인 베셀(Ernest Thomas Bethell, 1872-1909)이 창간한 〈대한매일신보(大韓每日申報)〉는 〈독립신문〉과는 정반대로 일제의 침략 야욕을 신랄하게 비판하는 내용을 실었다. 이는 베셀이 영국인이었기 때문에 가능한 일이었다.

1910년 일제가 한국을 강점하자, 그때까지 발행되던 모든 신문들은 일본 총독부의 지시로 강제 폐간되었다. 그러다가 1919년 3월 1일 전국적인 만세 운동이 벌어진 것을 계기로 일본은 무력으로 억압하는 것만이 능사가 아니라 문화적으로 조선인들을 구슬려야 한다는 필요성을 느끼고, 신문들을 다시 발행할 수 있도록 허락했다. 그리하여 1920년에는 지금까지 한국의 유력한 신문으로 남아 있는 〈조선일보〉와 〈동아일보〉가 각각 창간되었고, 〈중앙일보〉는 그들보다 다소 늦은 1931년에 창간되었다.

세 신문들은 처음에 민족적인 기사를 실어 일시적으로 폐간되었다가 다시 복간되는 일도 있었다. 하지만 1930년대 말 일제가 중일전쟁을 일

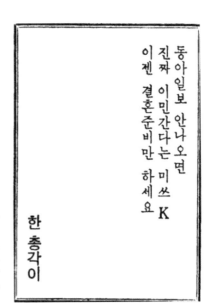

동아일보 안 나오면
진짜 이민 간다는 미쓰K
이젠 결혼준비만 하세요

한총각이

▶ 〈동아일보〉가 안 나오면 이민을 가겠다던 한 독자가 〈동아일보〉에 낸 백지 광고. 그러나 〈동아일보〉는 박정희 정권의 압력에 굴복하고 말았다. 박정희 정권 무렵에 미국과 캐나다 등지로 이민을 가는 한국인들이 많았던 것은 그 때문이었을까?

으키면서 군국주의적인 억압을 강화함에 따라 모두 친일적인 기사들을 실어 냈다. 그럼에도 세 신문들은 1940년 전쟁에 대비하여 물자를 아껴야 한다는 총독부의 지시에 의해 모두 폐간되었다. 물론 그들의 반발을 달래기 위해 총독부는 신문사에 많은 위로금을 전달했다. 또한 〈조선일보〉는 월간지인 〈조광〉을 계속 발행하도록 허락받기도 했다.

1945년 일제가 패망하자, 강제 폐간된 〈조선일보〉와 〈동아일보〉 등은 다시 복간되었다. 그리고 1946년 10월 6일에는 새로운 신문인 〈경향신문〉이 창간되었다.

5년 후인 1950년 6월 25일 한국전쟁이 터지자, 신문사들은 임시 수도

◀ 시위에 참가했다가 경찰이 쏜 최루탄
을 눈에 맞아 사망한 채 바다 위에 떠
오른 김주열 군에 관한 기사를 다룬
〈동아일보〉 1960년 4월 14일자.

인 부산으로 거점을 옮겨 경제적으로 어려운 환경 속에서도 꾸준히 신

문을 발행했다. 당시까지만 해도 한국 신문들은 지금과는 다르게 광고

비 대신 독자들이 내는 구독료에 더 크게 의존하여 운영되었다. 그래서

살벌한 이승만 정권 시대에도 정부와 광고주의 눈치를 보지 않고 정부

가 저지른 각종 비리와 잘못들을 신랄하게 폭로하여 비판할 수 있었다.

수십만의 사람들이 강제로 끌려갔다가 얼어 죽고 굶어 죽은 끔찍한 참

상이 벌어졌던 국민방위군사건, 1960년 3월 15일에 벌어진 부정선거 사

태 및 항의 시위에 참가했던 학생인 김주열 군이 경찰이 발사한 최루탄

에 맞아 죽었다는 사실을 거리낌 없이 보도할 수 있었던 것도 신문사들

▶ 전두환을 찬양하는 기사
를 실은 〈조선일보〉

이 정권보다는 독자들의 눈치를 살폈기 때문이었다.

　그러나 1961년 5·16쿠데타가 일어나면서 한국의 언론 자유는 심각한 타격을 받았다. 군사독재 정권은 신문사들에게 보도지침을 내려 어떤 기사들을 써야 할지 그리고 쓰지 말아야 할지를 명령했다. 또한 박정희 정권 시기에 접어들어 신문들은 점점 광고주들이 내는 광고비로 운영되는 구조로 바뀌어 갔다. 이는 언론 탄압과 규제의 기술이 한층 높아지는 결과를 초래했다. 1974년 〈동아일보〉 사태 당시에, 광고가 모두 사라진 백지 신문이 발행된 것도 이런 배경 속에서 이해할 수 있다.

　1980년에 들어선 전두환 정권도 박정희 정권의 언론 정책을 그대로 계승하여, 신문사들을 탄압하고 정부의 입맛에 맞는 기사들만 쓰도록 강요했다. 하지만 1987년 민주화 항쟁으로 전두환 정권이 몰락하면서 한국의 신문사들은 어렵사리 자유를 되찾았다.

전두환 이후 '보통 사람'을 표방한 노태우, 문민정권인 김영삼, 김대중과 노무현 정부를 거치면서 한국의 신문사들은 폭넓은 자유를 누렸다. 그러나 〈한겨레신문〉의 창간에서 보다시피 언젠가부터 한국의 신문은 진영 논리에 얽매이거나 신문사 사주 또는 광고주의 입장에 치우침으로서 정론지로서의 명성을 실추시키는 사례가 빈발했다. 그래도 뜻있는 많은 언론인들은 정론 비판이라는 언론의 본질을 지키기 위해 노력 중이다.

09

TV
사람을 마법에 빠뜨리는 기계

움직이는 장면과 소리를 동시에 구현한다는 점에서 TV는 인류 역사상 가장 혁신적인 발명품이라고 할 수 있다. 아마 TV만큼 문화와 예술의 역사에 큰 획을 그은 발명품도 없을 것이다.

이 TV는 어떤 경로를 거쳐 발명되어 사람들 앞에 나타났을까? 그 역사는 19세기 말에야 시작되었다. 그때로부터 100년이 조금 지났으니, 생각보다 그리 오래되지는 않았다.

전화의 발명과 함께 시작된 TV

1854년 안토니오 무치(Antonio Meucci, 1808-1889)라는 이탈리아인이 전기신호를 이용해서 세계 최초로 전화를 발명했다. 곧 이어 미국인인 알렉산더 그레이엄 벨(Alexander Graham Bell, 1847-1922)이 이를 특허로 등록하여 정식으로 전화 서비스가 시작되었다.

그러자 전화의 원리를 응용한 새로운 발명품에 대한 구상안이 곳곳에서 제기되었다. 전기적 신호로 소리를 먼 곳까지 보낼 수 있다면, 소리뿐만 아니라 사람이나 사물들의 동작들을 찍은 장면들도 같은 원리를 이용해서 먼 곳까지 보낼 수 있지 않겠는가 하는 구상도 생겨났다.

처음에는 유럽의 과학자들 사이에서 전기 신호를 통해 사진을 멀리까지 보내는 작업에 대한 논의가 이루어졌다. 그것이 TV 구상의 초기 단계였다. 이 작업을 처음 해낸 사람은 독일의 과학자인 파울 괴틀리프 니프코브(Paul Gottlieb Nipkow, 1860-1940)였다. 그는 둥근 디스크에 24개의 구멍을 뚫은 다음 사진이나 그림을 광학적 기술로 담아 내어 이를 1분당 600번의 회전 속도로 투사하면 멀리에서도 원래의 모습 그대로를 감상할 수 있다는 사실을 알아냈다. 이런 원리를 니프코브는 1884년 1월 6일에 처음 증명했고, 이것은 TV의 발명에 큰 공헌을 하였다.

또 다른 독일의 과학자인 칼 페르디난트 브라운(Karl Ferdinand Braun, 1850-1918)은 자신의 이름을 따서 진공 상태의 유리관인 브라운관을 만들었다. 오늘날 TV의 표면을 가리켜 브라운관이라고 부르는 관행도 여기서 비롯된 것이다. 브라운은 브라운관에 미리 형광물질을 묻힌 다음, 전자빔을 발사하여 사진과 그림의 모습을 보여주는 장치를 개발했다.

이러한 발명들에 힘입어 스코틀랜드 출신의 영국인 과학자 존 로지 베어드(John Logie Baird, 1888-1946)는 1924년 세계 최초로 브라운관을 설치한 TV를 통해 방송 실험을 성공적으로 해냈다. 2년 후 베어드는 정지해 있는 사물만이 아닌 움직이는 물체까지도 TV로 찍어서 화면에 담아내

◀ 전화의 발명자인 안토니오 무치. 아쉽게도 오늘날 그의 이름을 기억하는 사람은 별로 없다. 전화를 특허로 등록한 미국인인 그레이엄 벨이 마치 전화를 최초로 발명한 것처럼 알려졌기 때문이다.

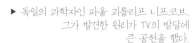

▶ 독일의 과학자인 파울 괴틀리프 니프코브. 그가 발견한 원리가 TV의 발달에 큰 공헌을 했다.

◀ 세계 최초로 TV를 발명한 영국의 과학자, 존 로지 베어드.

는 데 성공했다. 그리고 다시 2년이 지난 1928년에 베어드는 지금까지의 흑백 TV가 아닌, 칼라 TV를 개발했다. 오늘날 우리가 보는 TV의 기틀은 바로 영국인 과학자 베어드가 이룩해 놓은 것이다.

한편 당시 영국의 라디오 방송국이었던 BBC는 베어드의 실험 결과를 보고 깊은 인상을 받아 라디오가 아닌 TV 방송을 하려는 결심을 하게 된다. 그리고 1934년 제한적으로 TV 방송을 시작하였고, 실험을 한 결과가 좋게 나오자 1936년에는 공개적으로 TV 방송을 개시하였다. 이것이 세계 최초의 TV 방송이었다.

이후 유럽의 다른 나라들과 미국에서 BBC를 본떠 속속 TV 방송국이 생겨남에 따라, 제2차 세계대전이 터진 1939년에는 TV 방송이 전 세계적으로 보편화되었다. TV의 역사도 영국에서 시작되었던 것이다.

TV를 싫어하는 사람들은 TV가 시청자들을 아무 생각 없이 그저 TV만 보게 하는 바보로 만든다며 '바보상자'라고 부르기도 한다. 실제로 TV 방송에서 보여주는 내용이 다 사실인 것도 아니다. 만들고 방송하는 사람들이 마음만 먹으면 얼마든지 거짓을 사실로 조작할 수도 있다. 또 대부분의 TV 프로그램은 시청률과 광고에 목을 매고 있기 때문에, 시청률을 끌어올리기 위해서 온갖 저질적이고 자극적인 내용들을 마구 방송하기도 한다. 오래 전부터 문제가 된 '막장 드라마'나, 유명 연예인들을 불러 놓고 별 내용도 없는 잡담만 늘어놓거나, 아니면 가혹한 학대성 쇼를 보여주는 프로그램들이 그래서 생겨난 것이다. 하지만 달리 생각해 본다면, 그런 우려를 낳을 만큼 TV가 강력한 파급 효과를 가지고 있는 매체인 것이다. 그런 강한 힘을 가진 TV를 잘만 활용한다면 충분히 공익적인 도구가 될 수도 있다. 결국 TV가 바보상자냐 아니냐의 판가름은 어떻게 만들고 방송하느냐에 달려 있는 것이다.

영국의 BBC, 세계 최초의 TV 방송국이 되다

영국방송협회(British Broadcasting Corporation), BBC는 영국 정부가 소유하고 경영하는 국영방송국이다. 정부가 운영하는 방송국이니만큼 BBC의 성격은 일반 민영방송국과는 다르다. BBC는 국민들을 상대로 지식과 교양을 전달하는 것을 주된 목적으로 한다. 즉 계몽에 중점을 둔 방송국이라 할 수 있다. 그래서 BBC는 다큐멘터리 같은 교양 프로그램의 제작에 심혈을 기울인다. BBC에서 만드는 다큐멘터리의 품질은 가히 세계 최고 수준이라 할 수 있다. 미국의 비판적 지식인인 마이클 무어(Michael Moore, 1954-)는 그의 저서 『멍청한 백인들』에서 "미국의 100개나 되는 방송국들보다 영국의 4개 방송국들이 지성과 교양에서 더 뛰어나다!"라고 극찬한 바 있다.

BBC의 또 다른 특징이라고 하면, 철저하게 공정한 시각에서 방송을 한다는 점이다. BBC는 보통 다른 나라의 국영방송국과는 달리 무턱대고 자국 편만 들지는 않는다. 한 예로 1982년 영국이 아르헨티나와 포클랜드제도의 영유권 문제를 놓고 벌인 포클랜드전쟁에서, BBC의 취재진은 아르헨티나를 직접 방문하여 전사한 아르헨티나 군인의 가족들

▶ 1953년까지 사용된 영국 BBC 방송의 로고

을 직접 만나 인터뷰를 하기까지 했다. 더욱이 BBC는 포클랜드전쟁을 다루면서 영국군을 가리켜 단 한 번도 '우리 군'이라고 부르지 않고 매번 '영국군'이라고 불렀다.

또한 BBC는 해외 다른 나라들의 소식을 다루는 데도 무척이나 열심이다. BBC는 아프리카·인도·동남아 같이 과거 영국의 식민지였던 나라들의 문화나 풍습을 소개할 때도 그들을 후진국이라고 깔보는 시선 없이 있는 그대로를 시청자들에게 보여주려고 한다.

이러한 특징은 달리 해석하면, 세계를 지배했던 나라로서의 폭넓은 심성을 가진 대영제국의 경험이 반영된 것이라 할 수 있다. 1948년 인도가 독립하기 전까지 영국은 세계의 절반을 식민지로 지배했고, 수많은 영국인들이 식민지에서 살고 있었다. 따라서 그러한 역사적 인식을 지니고 있는 영국의 시각이 반영된 BBC는 해외 뉴스나 소식을 다룰 때에도 최대한 철저히 자료를 조사하여 객관적인 방송을 한다. 이 점은 폭스 TV 같은 극우 성향의 방송이 지배하는 미국과 다르다. 그래서 영국 등 서구에 적대적인 제3세계 독재국가의 사람들도 정확한 자국 소식을 알기 위해서 일부러 BBC 뉴스를 시청할 정도이다. 한 예로 만화『페르세폴리스』를 그린 이란의 만화가 마르잔 사트라피(Marjane Satrapi, 1969-)도 어린 시절 이라크와 전쟁이 났을 때, 아버지가 이란의 TV 뉴스는 믿을 수 없다며 일부러 영국 BBC의 라디오 방송을 들었다고 고백한 적이 있었다. 아울러 BBC는 공영방송답게 광고를 거의 내보내지 않는다. 국가에서 국민의 세금으로 운영하는 방송이니만큼, 상업성이 아닌 공익성을 최우선시해야 한다는 신념 때문이다.

요즘 들어 지나치게 상업화 또는 우경화되어 가고 있는 한국의 TV 방송국들은 이러한 BBC의 철저하고 엄정한 중립성과 공익성을 본받아야 하지 않을까?

10

컴퓨터
한 천재 동성애자가 만든 놀라운 기계

전쟁의 승패는 우수한 군사 무기나 뛰어난 전략 전술 같은 일반적인 요소뿐만 아니라 정보에 의해서도 좌우된다. 그래서 적의 군대 이동이나 요인들의 상태 및 작전 계획 등을 알아내는 첩보전은 2천 년 전의 고대 중국에서부터 오늘날까지 매우 중요하게 취급되어 왔다.

첩보전의 양상이 절정에 달했던 때는 제2차 세계대전 무렵이었다. 당시 독일 해군은 전기 기술자인 아르투르 셰르비우스(Arthur Scherbius, 1878-1929)가 1920년에 개발한 암호 기계 에니그마(Enigma)를 이용해 유럽 각지의 전선으로 파견된 아군에게 암호를 보내고 있었다.

에니그마는 알파벳을 작성하는 키보드와 회전자 및 반사경으로 구성되어 있었다. 에니그마는 숫자와 알파벳으로 조합된 암호문들을 최대 24해(24 아래 0이 20개) 대의 자릿수까지 발송할 수 있었다.

에니그마의 암호문을 처음 입수한 영국군 첩보부 MI-6는 충격을 받았다. 에니그마의 암호문이 너무나 복잡하고 난해해서 이것을 모두 해

▶ 아르투르 셰르비우스가 1920년에
개발한 암호 기계인 에니그마(Enigma)

독하려면 최소한 2년이 걸린다고 예상했기 때문이다.

하지만 하루가 급한 전시에 적군의 암호 하나를 푸는 데 2년 동안이나
시간을 허비할 수는 없는 노릇이었다. 1939년 9월 4일부터 영국 정부는
에니그마에서 발송하는 독일군의 암호를 해독하기 위한 작업에 들어갔
다. 영국 본토뿐만 아니라 캐나다·인도·이집트 등 영국의 식민지에
서도 수학과 전기공학에 능숙한 과학자들이 영국 정부의 요청을 받고
영국 런던 외곽의 블레츨리 파크(Bletchley Park)에 설치된 비밀 연구소로
모여들었다.

▶ 인도 태생의 영국인 천재 수학자인 앨런 튜링은 특히 컴퓨터 과학에 지대한 공헌을 했기 때문에 '컴퓨터 과학의 아버지'라고 불린다.

영국 정부가 필사적으로 독일군의 암호 해독에 매달렸던 절박한 이유는 바로 독일군의 U보트 작전 때문이었다. 전시체제하 영국은 대부분의 군수물자와 식량을 대서양 건너 미국으로부터 공급받고 있었다. 그런데 독일군은 이 보급을 차단시키기 위해서 영국으로 통하는 대서양의 주요 해로마다 잠수함 U보트를 배치시켜 영국으로 향하는 미국 화물선들을 보이는 족족 모조리 침몰시켜 버렸다. U보트의 활동을 방관하고 있다가는 영국이 보급을 원활하게 받지 못해 결국은 독일과의 전쟁에서 패배할지도 모르는 판국이었다.

그렇게 해서 결성된 영국군 소속 암호 해독 팀에서 단연 돋보인 인물이 있었는데 그는 인도 태생의 영국인 천재 수학자 앨런 튜링(Alan Turing, 1912-1954)이었다.

튜링은 1940년 3월 18일 봄브(Bombe)라는 암호 해독 기계를 만들어 냈다. 기계식 톱니바퀴와 회전자 및 배전판으로 구성된 봄브는 1시간 안에 약 5,858개의 암호를 해독할 수 있었다. 봄브의 도움으로 영국군은 독일군의 암호 체계를 효과적으로 파악할 수 있게 되었다. 봄브는 영국군은 물론 함께 동맹을 맺고 독일에 맞서 싸우던 미국 육군과 해군도 사용하게 된다.

그러나 1941년 12월부터 독일군이 기존의 암호문을 폐기하고 새로운 암호 체계를 사용하자 봄브는 효용가치를 잃게 되었다. 독일군은 유럽과 북아프리카 대륙에서 계속 승승장구했고, 영국군은 갈수록 초조해졌다. 다급해진 영국 첩보부는 앨런 튜링을 비롯한 암호 해독 연구자들을 닦달해 독일군의 새로운 암호 체계를 해독할 기계를 서둘러 만들라고 지시했다.

마침내 1943년 12월 앨런 튜링은 최첨단 암호해독기인 '콜로수스 마크 1(Colossus Mark 1)'을 개발하는 데 성공했다. 콜로수스 마크 1은 1,500개의 진공관으로 이루어졌는데, 이는 같은 진공관을 사용해서 발명된 미국의 에니악(ENIAC)보다 3년이나 더 앞선 것이었다. 이후 1944년 2월에 개발된 콜로수스 마크 2는 2,400개의 진공관을 설치했고, 42개의 부호를 조합하여 1초당 9,700자의 암호문을 해석하는 등 콜로수스 마크 1보다 연산 속도가 5배나 빨랐다.

콜로수스를 컴퓨터의 범주에 넣어야 하는지의 여부를 놓고 오랫동안 논란이 계속되고 있으나, 중요한 것은 진공관을 이용한 계산기 콜로수

▲ 콜로수스 마크 2를 다루는 연구원들

스의 원리는 세계 최초의 컴퓨터로 공인된 에니악(ENIAC)과 동일하다는 사실이다. 그러한 이유에서 많은 연구가들은 콜로수스가 에니악보다 먼저 출현한 현대 컴퓨터의 시초라고 주장한다.

앨런 튜링이 개발한 콜로수스으로부터 영국군은 크나큰 도움을 받았다. 독일군이 자랑하던 암호 에니그마는 콜로수스의 계산으로 인해 모두 해독되었고, 영국군은 독일군이 발송하는 암호문을 해독해 그들의 상황을 상세하게 파악할 수 있었다. 독일군의 잠수함 U보트가 배치되는 지점을 알아내어 그들의 공격을 피하고 오히려 역습을 가해 격침시켰다. 또한 북아프리카에서 영국군을 수세로 몰며 이집트 국경까지 진격하던 독일군의 명장 롬멜 장군이 건강이 악화되어 독일 본토로 송환되었다는 첩보를 입수하고는 총 반격을 개시해 독일 전차 군단을 궤멸시켜 마침내 북아프리카 전선에서 승리를 거두었다.

콜로수스를 만든 튜링은 1990년대가 되면 인간과 동등한 지능을 갖춘 '인공지능'이 탄생할 것이라는 예측까지 남겼다. 아직 그의 예측은 이루어지지 않고 있지만, 컴퓨터와 로봇 연구자들은 2040년대 무렵에 그런 인공지능이 출현하리라고 전망한다.

그러나 제2차 대전의 숨은 영웅인 튜링은 전쟁이 끝나고 그에 걸맞은 대접을 받지 못했다. 그가 동성연애자라는 사실이 밝혀지면서 그는 하루아침에 범죄자로 전락하고 말았다. 엄격하고 보수적인 윤리관이 지배하던 영국에서 1950년대까지 동성애는 범죄로 간주되었고, 그에 따라 튜링은 감옥에 갇힐 것인지 아니면 화학적 거세를 위해 여성호르몬 주사를 맞을 것인지를 선택해야 하는 처지에 놓였다. 차마 감옥에 갈 수 없어 여성호르몬 주사를 맞는 방법을 택했던 튜링은 지나친 여성호르몬 주사로 인해 젖가슴이 여성처럼 부풀어 오르는 부작용을 겪었다. 자신이 사회로부터 굴욕과 냉대를 받는다고 생각한 튜링은 결국 1954년 6월 7일 청산가리를 주입한 사과를 먹고 자살하고 말았다. 뛰어난 업적에도 불구하고 개인적인 성 취향을 범죄시하던 사회 풍토 때문에 아까운 천재가 목숨을 잃고 만 것이다.

하지만 그가 이룩한 업적은 사라지지 않았다. 진공관을 이용한 계산 원리를 선택한 컴퓨터는 오늘날 우리가 사용하고 있는 모든 컴퓨터의 기본 원리가 되었다. 일설에 의하면, 스티븐 잡스(Steven Paul Jobs, 1955-2011)가 창설한 애플 사의 로고가 한입 베어 문 사과의 모습을 하고 있는 것도 사과를 먹고 자살한 튜링을 기리기 위해서라고 한다.

2009년 11월 17일 영국의 고든 브라운 총리는 앨런 튜링의 죽음에 대해서 그의 유족들에게 사과하는 성명을 발표했다.

11

자본주의

인류 번영의 은인인가, 빈곤의 원흉인가?

오늘날 전 세계 대부분의 국가들은 자본주의 방식의 경제체제를 따르고 있다. 화폐와 기업 및 은행, 주식과 금융, 공장과 기계 설비 등 현대 자본주의의 상징이라 할 수 있는 이러한 제도와 기구와 장치와 체제들은 지구상에서 없는 곳이 없다. 70억 인류 모두가 자본주의 사회 안에서 살고 있다고 해도 과언이 아닌 것이다.

인류의 역사와 함께 시작된 자본주의

그렇다면 자본주의의 기원은 언제부터일까? 이 질문은 어찌 보면 대답하기가 애매하다. 단순히 물건을 사고파는 것이 자본주의라면, 그것은 인류가 등장했을 때부터라고 해도 틀리지 않기 때문이다. 물론 화폐가 도입된 시기부터 자본주의가 싹텄다고 볼 수도 있으나, 돈이 없었다고 해서 상행위가 없지는 않았다. 고대 이집트에서는 돈이 없었어도 물

물교환으로 상행위가 활발하게 유지됐다.

지금처럼 종이로 된 돈이나 혹은 신용카드나 전자화폐가 생기기 전까지 돈의 역할을 하는 물건들은 꽤 많았다. 우선 처음에는 밀·보리·쌀 같은 식량이었고, 그다음에는 금·은 같은 귀금속이었다. 그러다가 기원전 7세기 무렵 지금의 터키에 있던 리디아 왕국에서 처음으로 금으로 둥근 동전, 즉 금화를 만들었다. 무거운 금을 작고 편하게 주조한 리디아 금화는 순식간에 주변 지역으로 전파되었다. 그리고 페니키아·페르시아·그리스 같은 리디아의 이웃들도 리디아를 모방해서 각각 금이나 은으로 동전을 만들어 유통하며 상행위에 사용했다.

동양에서는 고대 중국의 주나라 시절부터 화폐를 만들어 유통했다. 당시의 돈은 청동으로 만든 동전이었는데, 둥근 모양에서부터 칼 모양까지 꽤 다양했다. 시간이 흐르면서 인구가 증가하고 상거래가 늘어나자 좀 더 편리한 거래를 위해서 동전의 형태는 둥근 모양 가운데에 네모난 구멍이 뚫린 방식으로 통일되었다. 이는 중국인들의 전통적인 가치관인 '하늘은 둥글고 땅은 네모나다.'를 따른 것이었으며, 다른 한편으로는 그렇게 해야 가운데 구멍에 줄을 넣어 들고 다니기 편리하다는 점도 있었다.

서기 11세기 송나라 시기 때 중국에서는 자본주의의 시초라 할 만한 현상들이 나타났다. 종이로 만든 화폐인 교자(交子)와 오늘날의 어음에 해당하는 질제(質劑) 등이 등장한 것이다. 교자와 질제는 13세기 원나라 시기까지 계속 사용되었다. 『동방견문록』의 저자인 마르코 폴로((Marco

▲ 리디아 왕국에서 발행한 세계 최초의 금화. 리디아를 무너뜨린 페르시아도 이것을 모방하여 금화를 발행했다. 페르시아와 전쟁을 벌였던 그리스인들은 페르시아의 금화를 탐내어, 페르시아 군대에 복무하는 용병으로 자원하러 갔다. 그래서 그리스의 철학자들은 페르시아의 금화가 그리스인들을 노예로 만들었다고 한탄하기도 했다.

▲ 서기 1세기, 중국 한나라에서 만들어진 청동 동전. 가운데에 네모난 구멍이 뚫려 있어 줄로 연결해 들고 다닐 수 있도록 했다. 이런 형태의 동전은 한반도에도 영향을 미쳐, 조선 말기까지 같은 형태의 동전이 발행되었다.

▶ 중국 송나라 때 발행된 교자. 종이라 매우 가벼워서, 무거운 동전보다 휴대하고 다니기에 편했다. 세계 최초의 지폐다.

Polo, 1254-1324)가 원나라를 방문하고 고향인 베네치아로 돌아가서 이 사실을 말하자, 베네치아 사람들은 "종이가 황금과 같은 가치로 통용된다니? 중국인들은 전부 바보란 말인가?"라며 믿지 않았다.

지폐는 안 좋은 점도 있었다. 원나라 말기에 이르러 국정이 혼란에 처하자, 정부는 재정난을 해결하기 위해 지폐를 마구 찍어 발행하는 바람에 화폐의 가치가 떨어져 물가가 오르는 인플레이션이 일어났고, 그로 인해 원나라는 경제난과 대혼란에 휩싸여 결국 멸망을 재촉하고 말았다. 이런 안 좋은 기억이 있었기에 원나라의 뒤를 이은 명나라와 청나라는 지폐 대신에 은을 결제 수단으로 사용했다.

17세기에 이르자 유럽에서는 지폐의 도입과 함께 회사의 가치를 반영하는 주식이 등장했다. 오늘날과 같은 금융업이 모습을 드러낸 것이다. 유럽에서 지폐 도입이 늦은 이유는 사람들이 금과 은이야말로 진정한 화폐이자 자산이라고 여기는 인식이 매우 오랫동안 계속되었기 때문이다. 사실 그런 생각이 아주 잘못된 것도 아니다. 지폐는 종이라 그 자체만으로는 특별한 가치가 없다. 그 지폐를 발행하는 정부 기관의 신용이 있어야만 상행위의 교환 수단으로 사용할 수 있다. 만약 지폐를 발행하는 기관이 신용을 잃어버린다면, 지폐는 아무런 쓸모도 없는 종잇조각으로 전락하고 만다. 실제로 21세기인 오늘날에도 짐바브웨 정부는 무리하게 지폐를 마구 찍어 냈다가 신용을 잃고 엄청난 물가 상승을 불러왔으며, 이러한 초인플레이션을 감당하지 못하자 급기야 자국의 화폐를 찍지 않고 미국 달러나 유럽 유로화 같은 외국 화폐들을 가져

와서 겨우 경제 위기를 진정시킬 수 있었다. 반면에 금과 은은 그 자체가 실물 자산으로 평가받는 귀금속이기 때문에 발행하는 기관이나 사람이 망한다고 해도 계속 화폐로 쓸 수 있다.

기계식 대량생산

자본주의 발달에서 빼놓을 수 없는 요소가 바로 산업혁명이다. 산업혁명은 기계의 발명과 그것을 이용한 공장에서의 대량생산이 핵심 요소다. 이러한 산업혁명은 영국에서 제일 먼저 시작됐다.

왜 하필 유럽의 변방인 영국이었을까? 답은 간단하다. 중국이나 인도는 인구가 워낙 많았고, 그러다 보니 노동력이 풍부하여 굳이 기계를 만들어 대량생산을 할 필요성을 느끼지 못했던 것이다. 값싼 노동력이 넘치는데 뭐하러 기계를 일부러 만들어야 하겠는가?

반대로 영국은 인구가 적었기 때문에, 경제 규모가 팽창할수록 노동력이 부족했고, 노동자들에게 지불할 임금이 상승했다. 그러자 영국의 자본가들은 사람보다 더 낮은 비용으로 일을 많이 할 수 있는 기계를 만드는 데 고심했던 것이다. 이를 가리켜 자본론의 창시자인 마르크스(Karl Marx, 1818-1883)는 인력과 기계의 착취라는 관점을 제시했다. 산업이 발달하지 못한 동양에서는 인력이 워낙 풍부하여 인력을 착취하면 되었지만, 인력이 부족한 서양에서는 인력 대신 기계를 만들어 그 노동력을 고도로 착취했다는 것이다.

1769년 영국의 제임스 와트(James Watt, 1736-1819)는 공기의 압력을 받지 않고 언제나 일정한 운동 에너지를 갖고 규칙적으로 운용되며 고장이 잘 나지 않는 증기기관을 발명했다. 그가 만든 증기기관은 공장에서 옷 감을 짜는 방적기(紡績機)에 쓰이게 되었다. 오늘날 일정한 질량이나 힘을 나타내는 단위인 와트(W)는 그의 이름에서 유래했다. 증기기관을 이용한 방적기가 공장에서 사용되자, 그 전까지 의류에 관련된 가내수공 업에 종사하던 많은 수공업자들이 대량으로 값싸게 찍어 내는 공장 의류에 밀려 경쟁력을 잃고 파산했다. 실직한 수공업자들은 먹고살기 위해서 공장으로 들어가 저임금 노동자가 되었다. 이것을 세계 역사에서는 제1차 산업혁명이라고 부른다.

1829년부터 영국에서 시작된 기차와 철도는 제임스 와트가 개발한 방적기에 필적하는 제2차 산업혁명이라고 불린다. 사람과 물자를 기존의 말이 끄는 마차보다 더 많이, 더 빨리, 그리고 더 안정적으로 수송할 수 있는 기차는 자연히 제조에 필요한 철의 수요를 늘렸고, 다시 철을 생산할 광산과 공장 및 그곳에서 일할 노동자들의 수요도 증가시켰다.

이리하여 19세기 초부터 영국에서 시작된 공장식 대량생산은 수공업 방식과는 비교도 할 수 없을 만큼 많은 생산량을 기록했고 생산 제품의 가격도 낮았다. 영국의 공장에서 대량생산된 옷감과 철이 인도와 중국에 흘러가자, 현지의 방직업과 철강업은 가격경쟁에서 도저히 이길 수가 없어 대부분 파산하고 말았다. 증기기관을 이용한 공장의 대량생산이 천 년 넘게 우위를 지키던 중국과 인도의 전통 산업을 순식간에 망가

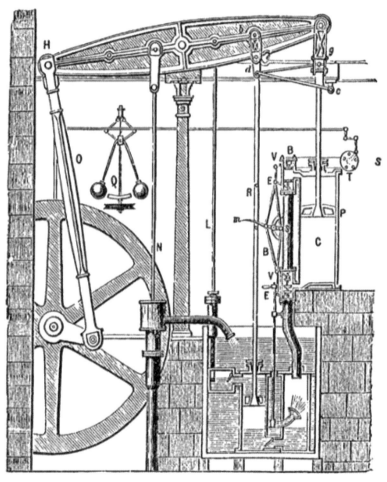

▲ 제임스 와트가 고안한 증기기관

뜨린 셈이다.

영국은 19세기에 '세계의 공장'이라 불릴 만큼 전 세계 공업 생산량의 대부분을 차지했다. 오랜 전쟁으로 인해 혼란스러웠던 유럽 본토의 나라들은 품질이 좋고 값이 싼 영국제 제품을 구하느라 안간힘을 썼다. 심지어 영국과 씨우던 나폴레옹 시대의 프랑스조차 병사들이 입는 군복의 절반 이상이 영국산 제품이었으며 나폴레옹 본인이 입는 제복의 옷감도 영국산일 정도였다. 이런 경제력의 차이에서 결국 나폴레옹 전쟁의 승리자는 영국이 될 수밖에 없었던 것이다.

영국의 거대한 공업 생산량은 세계를 지배하는 대영제국을 만든 힘의 원천이기도 했다. 18세기부터 영국 정부는 섬나라인 자국이 안전하고 번영을 누리기 위해서는 해상무역을 보호하는 해군이 막강해야 한다고 여겼고, 유럽 본토의 나라들보다 더욱 강력한 해군력을 유지하는 일을 군사 정책의 최우선 과제로 삼았다.

그래서 영국은 나폴레옹 전쟁 무렵인 1815년부터 경쟁국인 프랑스·러시아·스페인·네덜란드가 보유한 군함들을 모두 합친 것보다 더 많은 군함을 생산하여 보유했으며, 20세기 초에도 세계 2위와 3위의 해군력을 보유했던 프랑스와 러시아의 군함 전부를 합친 톤수가 영국 해군의 총 군함 톤수보다 더 적었을 정도였다. 20세기 초 전 세계에서 가장 강력한 함대를 가진 나라는 영국이었고, 당연히 세계 최강의 해군은 영국 해군이었다.

20세기 초에 영국에서 인기 있던 노래인 '지배하라, 영국이여!'(Rule

Britannia!)'에 "지배하라, 영국이여! 영국은 바다를 지배한다!(Rule, Britannia! Britannia rules the waves!)"는 가사가 있을 정도로, 영국 해군은 세계의 바다를 지배한다고 해도 과언이 아니었다. 오늘날 영국 해군의 후계자인 미국 해군이 전 세계의 제해권을 장악하고 있는 것처럼.

1905년 러일전쟁 와중에서 벌어진 쓰시마 해전에서 일본 해군이 러시아의 '발틱 함대'를 격파하여 세계를 놀라게 했다. 그러나 일본 해군의 주력 전함인 '아사히(朝日)'는 영국의 존 브라운 & 컴퍼니(John Brown & Company) 조선소에서, '시키시마(敷島)'와 후지(富士)'는 영국의 템즈 철공소에서, 'IJN 미카사(三笠)'는 기관총으로 유명한 영국의 비커스사(Vickers)에서 만든 배였다. 즉 영국이 생산한 전함들이 러시아 함대를 격침시켰던 것이다.

일본이 영국제 전함을 수입한 이유는 러일전쟁 당시까지만 해도 일본은 대형 전함을 만들 기술력과 자금이 부족했기 때문이었다. 그래서 일본은 영국에서 만든 최신 전함들을 수입하여 사용할 수밖에 없었다.

그런데 쓰시마 해전을 승리로 이끈 도고 제독과 쓰시마 해전을 찬양하는 쪽에서는 이런 일본 해군의 속사정에 관해서는 별로 주목하지 않는다. 오직 도고 제독의 천재성만을 추켜세울 뿐이다. 일본 해군이 수입한 영국제 전함을 가지고 러시아 해군을 격파했다는 사실이 별로 자랑할 거리가 못 된다고 여겨서일까?

산업혁명은 영국에서 처음 시작된 이래 19세기 말까지 독일·미국·프랑스·일본 등 다른 제국주의 열강에서도 점차 시작되었다. 그중에서 독일과 미국의 공업 생산력은 매우 높아서, 20세기 초가 되자 영국이 두 나라를 잠재적인 적국으로 여기고 경계하기에 이르렀다. 독일이 두 번에 걸친 세계대전을 일으키면서 영국과 전쟁을 벌인 데에는 독일의 높은 공업 생산력을 두려워했던 영국의 속사정이 크게 작용했다.

세계 금융업의 심장부 역할을 한 런던

공업 생산에 못지않게 영국의 자본주의 형성에 큰 공헌을 한 것은 금융업이었다. 오늘날까지 남아 있는 런던증권거래소(London Stock Exchange)는 1773년에 설립되었다.

초창기의 영국 금융업은 정부의 규제가 많아서 그리 많은 이익을 거둬들이지는 못했다. 나폴레옹 전쟁에 필요한 군비를 대기 위해 정부가 세금을 많이 매겼기 때문이었다. 그러나 나폴레옹 전쟁이 끝나면서 영국 정부의 규제는 줄어들었고, 곧이어 산업혁명이 시작되면서 공장 경영으로 많은 돈을 번 자본가들이 금융에 투자하여 영국의 금융업은 고속으로 성장하게 되었다. 제2차 세계대전 이전까지, 세계 금융업의 중심지는 단연 영국 런던의 증권거래소였다.

19세기와 20세기 초 영국 금융업의 힘을 보여주는 사례가 두 가지 있다. 하나는 이집트의 수에즈 운하이고, 다른 하나는 러일전쟁이다. 지중해와 홍해를 연결하는 수에즈 운하를 건설하면서 이집트 정부는 영국에 1천만 파운드라는 막대한 빚을 졌고, 이 빚을 갚지 못해 영국의 식민지로 전락하고 말았다. 또 러일전쟁의 막바지가 되자, 일본은 전쟁에 들어가는 돈이 부족하여 당시 동맹국인 영국에 도움을 요청했다. 그러자 영국은 잠재적인 적국인 러시아를 견제하려는 전략에서 일본 정부가 요청한 국채를 사 주었다. 이렇게 영국이 준 군비를 바탕으로 일본은 전쟁을 계속 이어갈 수 있었지만, 전쟁 막바지에 이르자 더 이상 영국이 일본 국채를 사 주지 않아 일본은 더 이상 전쟁을 할 수 없었다. 그래서 일본은 러시아가 요구하는 대로 종전에 응할 수밖에 없었다.

하지만 1945년 제2차 세계대전이 끝나자, 두 차례의 전쟁을 치르면서 막대한 국력을 소모한 영국은 더 이상 세계 금융업의 왕좌에 머물러 있지 못했다. 무엇보다 미국에게 막대한 빚을 졌기 때문에, 그 빚을 갚느라 엄청난 시간과 돈을 쏟아부어야 했다. 영국은 2006년이 되어서야 제2차 대전 중 미국에서 빌린 돈을 모두 갚을 수 있었다. 그래서 제2차 대전 이후 세계 금융업의 중심지는 미국의 뉴욕 증권거래소로 넘어갔고, 영국은 그에 밀려 2위의 자리에 만족해야 했다.

초기 자본주의의 무자비함, 굶주리는 빈민과 착취당하는 노동자들

영국에서 시작된 산업혁명과 금융업 등 자본주의의 도입은 자본가에게 엄청난 부를 안겨 주었으나, 정작 그 부를 만들어 내는 노동자들은 결코 행복하지 못했다. 19세기 무렵 영국이 초기 자본주의 사회였을 때는 오늘날과 같은 복지나 인권의 개념이 희박했다. 대다수 영국인들은 왕족·귀족·평민 등을 가르는 신분제도와 거기에 따른 차별 대우를 당연하게 여겼고, 모두가 평등한 권리를 누려야 한다는 인식이 없었다. 특히 가난하고 힘없는 빈민이나 노동자 계층은 왕족과 귀족 등 상류층들의 혐오와 멸시의 대상이었다.

영국이 세계를 지배했던 빅토리아 여왕 시절, 영국에는 '빈민법'이 있었다. 그런데 이 '빈민법'은 가난한 빈민들을 돕는 법이 아니라, 오히려 그들을 빈민 상태로 내버려 두는 역할을 했다. 실제로 19세기 영국에서는 가난한 사람이 도저히 일자리를 찾지 못하고 굶주리다 못해 가족을 먹여 살리기 위해서 구걸을 하면 경찰에게 체포되어 감옥에 갇혔다. 일을 하지 않고 먹으려는 거지 같은 자들은 사회에 해를 끼치니 처벌해야 한다는 발상에서 비롯된 일이었다. 직장을 구하지 못한 실업자나 가난한 사람들은 구걸조차 하지 말고, 그냥 굶어 죽으라는 말밖에 되지 않는 정책이었다.

운이 좋아 공장에서 일자리를 구한 사람들의 처지도 그리 좋지는 못했다. 19세기만 해도 영국인들은 '공해'라는 개념조차 몰랐다. 공장에서 배출되는 시꺼먼 매연과 폐수가 환경을 오염시키고, 인간에게 치명적인 질병을 준다는 사실조차 알지 못했던 것이다. 오히려 영국인들은 공장의 굴뚝에서 배출되는 검은 연기를 무척이나 신기하게 보았고, 초창기 산업혁명 당시 영국 귀족들은 우아한 신사복을 입고서 가족들과 함께 공장에서 나오는 매연이 하늘을 뒤덮는 모습들을 감동적으로 보는 것이 취미일 정도였다. '이 얼마나 멋진 광경인가! 인간이 만든 연기가 하늘을 뒤덮었다! 인간의 힘이 자연을 정복한 것이다! 인간은 자신의 지혜와 노력으로 세계를 지배하고 있다! 앞으로의 미래는 이처럼 끝없는 도전과 승리로 가득 찬, 낙원이 될 것이다!' 런던의 하늘을 매일같이 검게 뒤덮는 매연을 보면서 영국 귀족들은 이런 식의 감동에 젖었다.

하지만 매연은 결국 그것을 만든 인간에게 부메랑으로 돌아왔다. 1909년 영국 공업지대의 중심지인 에든버러와 글래스고에서 공장의 매연이 만든 스모그 현상으로 인해 1천 명의 사람들이 호흡 곤란 증세를 보이며 죽거나 병원에 실려가게 되었던 것이다. 그러나 영국인들은 병의 원인이 스모그에 있으니 공장의 공해 물질 배출을 규제해야 한다는 생각조차 하지 못했다. 그로부터 43년 후인 1952년 영국의 수도인 런던에서도 대규모 스모그 현상이 발생하여 무려 1만 명의 사람들이 에든버러에서처럼 죽거나 환자가 되자, 그제서야 영국 정부는 부랴부랴 사태의 원인 파악에 나서서 공해 물질 배출을 규제하기 시작했다.

이처럼 공해에 대한 인식조차 없던 시대적 상황에서, 공장 안에서 온갖 환경오염 물질에 노출되어 일하던 노동자들은 어땠을까? 당연히 건강에 치명적인 해를 입었다. 왜 걸리는지 알 수 없는 각종 병에 걸려 죽어 가기 일쑤였다. 오죽하면 19세기 영국 공장 노동자들의 평균수명이 29세였겠는가.

그나마 일자리기 안정적이라면 다행이었지만, 공장이 망해서 해고당하거나 일자리를 구하지 못하는 사람들은 죄다 길거리로 나앉았다. 초기 자본주의 사회였던 당시 영국에서는 사업주들이 직원들을 마음대로

▲ 런던 트라팔가 광장의 넬슨 기념탑을 가릴 정도였던 스모그. 1만 명의 사람들이 죽거나 환자가 된 후에야 영국은 비로소 대기오염의 위험성을 깨달았다.

해고할 수 있었고, 임금을 제때에 주지 않거나 떼어먹어도 아무런 처벌도 받지 않았다. 게다가 19세기까지 영국 정부는 복지 제도의 필요성을 느끼지 못했고, 오히려 가난한 사람들을 붙잡아다가 강제로 공장이나 수용소에 감금해 놓고 일을 시키는 짓까지 벌일 정도였다.

집을 구하지 못한 가난한 일용직 노동자들은 길거리에 설치된 밧줄에 몸을 걸고서 잠을 자는 일도 있었다. 물론 그조차 공짜가 아니라 1파운드의 돈을 내야 가능했다. 이처럼 초기 자본주의 시대의 영국은 부자들에게는 낙원이었지만 가난한 사람들에게는 지옥이었던 것이다.

대공황과 불황

한없이 발전할 것만 같았던 자본주의는 1929년 미국에서 시작된 세계 대공황으로 인해 치명적인 타격을 받았다. 이유는 간단했다. 자본가들이 공장에서 물건을 아무리 많이 만들어도, 정작 그 물건을 살 대중이 가난해서 돈이 없었기 때문에 물건이 팔리지 않았던 것이다.

게다가 제1차 세계대전을 치르면서 영국과 프랑스 등 서구 열강의 정부들도 돈을 너무나 많이 썼던 터라 경기 부양을 할 여력이 없었다.

전 세계가 자본주의 경제로 연결된 상태에서 전개된 대공황은 순식간에 지구촌 전역으로 퍼져 나갔다. 본고장인 미국에서는 연일 수많은 기업들이 문을 닫고 실업자들이 거리로 쏟아져 나왔으며, 제대한 군인들도 일자리를 찾지 못해 정부에 항의 시위를 하다가 진압당하는 사건도 있었다. 영국이나 프랑스에서도 사정은 마찬가지였다. 패전국인 독일이 가장 비참했는데, 무려 6백만 명이 넘는 사람들이 실업자로 전락해 버렸다. 당시 독일에서는 천문학적인 물가 상승 때문에 지폐가 거의 휴지 조각이나 쓰레기처럼 취급받을 정도였다. 끝내 독일에서는 경제 위기를 해결하지 못하는 무능한 바이마르 정권이 무너지고, 대신 역사상 최악의 독재자인 히틀러가 집권하고 만다.

결국 끝없는 대공황을 해결하기 위해 세계 각국은 최악의 선택을 하게 된다. 바로 제2차 세계대전이다. 경기 침체를 극복하기 위해 외국의 땅을 빼앗아 식민지로 삼고, 그곳을 자국의 상품을 팔 시장으로 만들려는 속셈에서 제2차 세계대전이 비롯되었던 것이다.

역설적이게도 대공황 무렵에는 공산주의 체제였던 소련만이 어느 정도 안정된 모습을 보였다. 그래서 미국과 영국 등 서구의 진보적 지식인들은 소련이 장차 인류 사회를 구원하는 나라가 될 수 있을 거라는 희망을 품기도 했다.

빈부 격차와 워킹 푸어

제2차 세계대전이 끝나면서 세계 자본주의의 중심은 원조인 영국에서 후발 주자인 미국으로 옮겨 갔다. 그러나 영국에서 시작된 자본주의 경제 체제는 미국을 통하여 더욱 빠르게 확산되어 전 세계의 절반이 그 체제를 수용하였다. 1991년 자본주의 체제를 거부하던 소련과 동구권 공산주의 국가들이 붕괴되면서 경쟁자가 사라지자, 자본주의는 지구촌 전체에 걸쳐 거의 유일한 경제 체제가 되었다.

한편으로 공산주의의 위협이 소멸되면서 자본주의는 새로운 변화를 맞이한다. 세금과 규제를 최소화하거나 없애고, 무한적인 부의 증식을 가능케 하는 신자유주의 체제로 들어선 것이다.

▲ 1929년 10월 24일과 29일, 두 번에 걸쳐 미국에서 발생한 이른바 '검은 목요일 사태' 당시의 거리 풍경. 기업들의 주가가 급격히 폭락하고, 수많은 투자자들이 돈을 허공에 날려 연이어 파산했다. 이 사태로 인해 미국 뉴욕에는 한동안 돈을 잃은 충격을 이기지 못하고 고층 빌딩에서 뛰어내려 자살하는 사람들이 속출했다. 검은 목요일 사태는 세계 경제 대공황의 시작을 알리는 우울한 종소리였다. 미국 정부는 경제 위기를 타개하려는 방편 중 하나로 정부가 직접 나서서 일자리를 늘리는 뉴딜 정책을 폈으나, 그마저도 제대로 된 효과를 보지 못했다.

확실히 신자유주의 체제하에서 자본주의는 예전보다 더 많은 부를 창출할 수 있게 되었다. 하지만 2008년 미국발 금융 위기로 인해 금융 거품을 즐기던 신자유주의는 큰 타격을 받았고, 무수한 실업자와 경기 침체를 낳으면서 그 효용성을 의심받고 있다. 더욱이 많은 돈과 오랜 시간을 들여 명문 대학에서 공부를 한 고급 인력들도 제대로 된 직장을 찾지 못해 실업자가 된 현실을 본다면 더욱 그렇다.

각국 정부는 경기 침체를 극복하기 위해서 일자리 늘리기에 사활을 걸고 있으나, 그렇게 해서 새로 생겨난 일자리 대부분은 낮은 임금을 받고 일하다가 언제든지 해고당할 수 있는 비정규직들이다. 이런 직장에서 아무리 열심히 일해 봐야 본인과 가족의 생계조차 제대로 책임질 수 없다. 그래서 일하면 일할수록 가난해진다는 이른바 '워킹 푸어(Working Poor)' 현상이 나타나는 것이다.

더 큰 문제는 정작 돈을 가진 1%의 대부호들이 돈을 실물경제에 재투자하기보다, 금융 기관에 쌓아 두고 이자를 받으며 돈놀이를 즐기고 있다는 사실이다. 공장을 만들어 돈을 버는 것보다 그냥 돈이 돈을 만드는 돈놀이가 더 큰 이익이 되기 때문이다. 이래가지고는 사회가 경제성장을 통해 아무리 부를 만들어 봐야, 그 부의 대부분이 그대로 1% 안에서 맴돌 뿐 대다수 중산층과 서민들에게 돌아가지 않는다. 결국 그렇게 해서 부자는 더 부자가 되고 가난한 사람은 더 가난해지는 부익부 빈익빈 현상만 되풀이될 뿐이다. 이것이 오늘날 자본주의 체제를 택한 전 세계의 모든 나라들이 공통적으로 안고 있는 문제이다.

▲ 2011년 9월 17일, 미국 뉴욕 월가에서 시작된 '월가를 점령하라' 시위를 찍은 사진. 2008년 금융 위기를 맞아 무수한 회사가 망하고 실업자가 발생해 대다수의 미국 서민들은 가난하게 살고 있지만, 미국 정부는 금융 위기를 초래한 대형 금융회사들에게 미국 국민들이 낸 세금을 마구 퍼 주었다. 이에 분노한 미국 시민들은 탐욕과 부패로 미국 경제를 망가뜨린 금융회사들이 즐비한 월가로 몰려가서, '월가를 점령하라', '우리는 99%다'라는 구호를 외치며 시위를 벌였다.

그래서 뒤늦게나마 이런 병폐를 깨달은 나라들은 1%의 상류층에 집중되는 부를 서민들에게 분배하려는 정책을 개발하기 위해 애쓰고 있다. 역사적으로 자영농의 생활이 안정돼야 그 나라와 사회가 편안해졌고, 반대로 부가 극소수 상류층에게 집중되면 그 나라는 빈부 격차에 시달린 서민(민중)들의 불만이 폭발하여 위기에 처했다. 자본주의 시대에 자영농은 중산층이라 할 수 있다. 불행히도 한국은 빈부 격차가 커지고 중산층이 몰락해도 별로 깨닫는 바가 없는 듯하다.

12

박람회

인류 문명의 발달을 상징하는 화려한 전시 쇼

필자가 중고등학교에 다니던 시절에는 박람회(엑스포)가 한번 열렸다 하면 온 나라가 들썩였다. 특히 1993년 대전세계박람회는 그 절정에 있었다. 당시 박람회를 맞아 기념 만화도 제작되었고, 학교에서도 교사들이 학생들을 대상으로 매일같이 박람회가 국가 경제에 큰 영향을 끼치고 이번 박람회를 통해 우리나라가 선진국으로 진입할 수 있다는 식으로 훈화를 했다. 신문사와 방송국에서도 박람회를 개최하면 당장에라도 국민소득이 크게 오르고 일자리가 많이 생기며 다른 나라들이 한국을 부러워하게 된다는 장밋빛 전망을 담은 보도들을 마구 쏟아 냈다.

박람회가 한번 열리면 잠시나마 세계의 이목이 개최국으로 집중된다. 박람회는 그 나라의 발달된 과학 기술과 각종 상품들을 전시하여 국가의 위상을 과시하는 대회이기 때문이다. 물론 박람회를 개최하는 나라는 직접적으로 얻는 이익보다 행사에 들어가는 돈을 대느라 빚이 늘어나는 경우가 많지만….

대영제국 시절에 개최된 박람회

많은 나라들이 큰 손해를 무릅쓰면서까지 국가의 위상을 높이고자 개최하는 박람회는 언제부터 시작되었을까?

그 역사는 1851년 5월 1일 영국에서 시작되었다. 당시 영국은 빅토리아 여왕의 집권 시기로, 한창 국력이 번성하여 세계 각지에 식민지를 건설하던 때였다. 그런 시대 배경 하에 영국인들은 대체로 이런 생각을 품고 있었다; '이제 세계는 발전과 희망의 시대에 접어들었다. 지금도 날이 갈수록 과학 기술이 발달하고 있으니, 시간이 조금만 더 지난다면 모든 문제가 과학 기술로 해결될 것이다. 더 이상 질병과 굶주림과 전쟁 같은 병폐들은 없을 것이고, 세상은 눈부신 진보만으로 가득할 것이다!'

이러한 낙관은 1914년 제1차 세계대전이 터지면서 비관과 절망으로 바뀌었지만, 아무튼 19세기 중엽 영국인들은 머지않아 유토피아가 도래할 것이라는 희망에 잔뜩 부풀어 있었다. 당시 영국은 '세계의 공장'이라는 말을 들을 만큼 왕성한 생산력을 자랑하며 세계 경제를 지배하는 번영을 누리고 있었다. 전 세계의 대륙과 바다에 영국 군대가 주둔하고 세계 각처에 영국 기업들이 진출해 있었으며, 많은 나라들은 영국 상품을 수입하며 영국인의 부를 불려 주는 시장 역할을 하고 있었다. 그래서 영국은 전 세계에 자국의 부강과 번영을 과시하고 싶었고, 이를 위해서 박람회를 개최하였던 것이다.

개최 장소는 영국의 수도인 런던에 있는 숲이 우거져 있던 하이드 공

▲ 박람회장의 개회식에 참석한 빅토리아 여왕과 앨버트 공작 부부

원으로 정해졌다. 공사의 지휘는 빅토리아 여왕(1819-1901)의 남편인 앨버트 공작(1819-1861)이 맡았다. 그는 독일인이었지만 아내와 영국을 사랑하고 영국을 위해 열정적으로 일하는 사람이었다.

　앨버트 공작은 이 박람회가 단순한 상품 전시회에 그치는 것이 아니라 역사에 길이 남아 세계인들의 마음속에 깊은 인상을 심어 줄 수 있는 대회가 되기를 원했다. 그래서 참신하고 파격적인 디자인으로 건물을 설계하려고 하였다. 이런 앨버트 공작에게 조셉 팩스턴(Joseph Paxton, 1801-1865)이란 뛰어난 건축가가 자신이 박람회장에 이제껏 누구도 보지 못한 환상적이고 아름다운 건물을 짓겠다고 제안했다. 팩스턴이 말한

▲ 박람회가 열린 수정궁의 외관. 강철과 유리로만 만들어져, 당시 세간의 화제를 불러 모았다.

▲ 온갖 물품들이 전시되었던 수정궁 안의 광경

건축물은 강철로 된 골조에 투명한 유리를 입힌 '수정궁'이었다. 건물의 구조에 유리가 들어갔는데, 그것이 마치 수정(crystal) 같다고 해서 붙여진 이름이었다.

수정궁의 디자인은 당시 영국 사회에 큰 충격을 불러일으켰다. 벽과 지붕에 나무나 벽돌이 전혀 들어가지 않고 유리로만 건물 전체를 도배한 경우는 없었기 때문이다. 그래서 어떤 사람들은 너무나 괴상하고 복잡하다면서 부정적인 반응을 보이기도 했다. 하지만 팩스턴은 이 수정궁이 오히려 관람객과 방문객들에게 신선한 인상을 심어 줄 것이라며 자신만만했다.

이윽고 1851년 5월 1일 빅토리아 여왕이 주최하는 '런던 박람회'가 런던 하이드 공원의 수정궁에서 개최되었다. 박람회가 열리는 수정궁을 방문한 영국과 전 세계 각지에서 몰려온 사람들은 깜짝 놀랐다. 일단 유리로 번쩍이는 수정궁의 위상 자체가 너무나 파격적인데다 그 아름다움과 위용 또한 감동적이었기 때문이다.

임석재 교수(이화여대 건축학과)에 따르면 수정궁의 규모는 높이 32.4미터, 폭 124미터, 길이 564미터, 면적은 70,000제곱미터였다. 수정궁의 위에는 주최국인 영국을 포함하여 세계 여러 나라들의 국기가 함께 걸린 만국기가 전시되었다. 오늘날 학교 운동회나 행사장에서 흔히 보이는 만국기 역시 영국에서 처음 만들어져 수정궁 박람회 때 쓰인 것에서 유래했다. 수정궁에는 무려 30만 개의 유리가 들어갔으며, 방문객들의 불편을 감안하여 수세식 화장실도 설치되었다. 물론 수세식 화장실 그 자체는 이미 리치먼드궁전이나 베르사유궁전 등에서 사용되고 있었으나, 상류 계층이 아닌 모든 사람들을 위한 공공시설에 수세식 화장실이 설치된 것은 수정궁이 처음이었다.

또한 수정궁 안에서 열린 박람회에는 10만 개의 물품들이 전시되었다. 물품들 중에는 영국 최대의 항구도시인 리버풀의 부두를 축소하여 재현한 모형과 시간당 5천 부의 신문을 인쇄할 수 있는 인쇄기, 영국이 인도에서 가져온 거대한 코이누르 다이아몬드, 정원용 의자, 샴페인 등이 포함되었다. 19세기 영국은 세계 최강의 해양 강국이었고, 리버풀의 부두에는 막강한 위력을 뽐내며 세계의 바다를 지배하는 영국 군함들이 정박해 있었다. 코이누르 다이아몬드는 영국이 방대한 인도 대륙을 식민지로 지배하면서 빼앗아 온 전리품이었고, 신문 인쇄기는 영국의 언론 자유를 과시하는 기계였다. 이 물품들은 당시 영국의 부강함을 상징하는 것들이었다.

그러나 런던 박람회에서 사람들의 눈길을 가장 많이 끈 물품은 증기로 움직이는 냉장고에서 만들어 내는 얼음이었다. 냉장고가 보편화된 요즘이야 기계로 얼음을 만드는 것이 뭐가 놀랍냐고 생각할지 모른다. 하지만 당시는 19세기 중엽이었다. 근대 이전까지 얼음은 겨울이 와야만 볼 수 있는 귀한 물건이었고, 신라와 조선에서도 왕이 여름철마다 신하들에게 나눠 주는 귀한 선물 중 하나였을 정도였다. 그런데 런던 박람회에서는 날씨에 상관없이 언제든지 얼음을 만드는 기계를 선보였던 것이다. 그러니 사람들이 놀라워할 수밖에 없었다.

런던 박람회에는 하루에 평균 6만 명이 방문했으며, 총 방문자 수는 6백만 명에 달했다. 1900년까지 영국 본토의 인구가 3,700만 명이었음을 감안한다면, 영국 인구 중 6분의 1이 방문한 셈이니 런던 박람회의 인기가 얼마나 대단했는지를 알 수 있다. 대영제국의 최전성기라고 할 수 있는 1851년에 개최된 만국박람회는 방문한 사람들에게 두고두고 아름다운 추억으로 기억되었다.

런던 박람회를 본 다른 나라들은 박람회장을 통해 드러난 영국의 과학 기술과 번영에 충격을 받고, 자신들도 영국처럼 국력을 자랑하기 위해 박람회를 개최하게 된다. 그 나라들은 영국에서 독립한 미국과, 영국의 경쟁국인 프랑스였다.

1783년 영국에서 독립한 미국은 1812년에 영국과 전쟁을 벌였고, 그후에도 자국의 북쪽 지역인 캐나다를 지배하고 있는 영국과 마찰을 빚었다. 그런 만큼 미국은 은연중에 영국의 위협을 느끼고 있었으며, 영국보다 더 강한 나라가 되어 영국의 간섭을 받지 말아야 한다는 목표를 가지고 있었다. 실제로 1936년 미국 정부는 영국을 가상 적국으로 설정하여, 세계를 지배하고 있던 대영제국을 해체시키고 그 빈자리를 자신들이 차지하려는 목적으로 캐나다와 영국 본토를 공격하여 점령한다는 '오렌지 계획'이라는 군사작전 계획을 수립하기까지 했다.

그리하여 미국은 영국과 프랑스 등 유럽 열강에게 자국도 결코 뒤떨어지는 2류 국가가 아니라 나름대로 눈부신 발전과 강력한 국력을 지닌 국가임을 홍보하기 위해 박람회 개최 경쟁에 뛰어들었다. 런던 박람회가 개최된 지 불과 2년 후인 1853년에 미국 정부는 뉴욕에서 박람회를 열었다.

뉴욕 박람회에서 각종 물건들이 전시된 장소도 런던에서처럼 강철 골조와 유리로 이루어진 수정궁이었다. 공개된 물건들 중에서는 놀랍게도 엘리베이터가 있었다. 런던 박람회에서 세계 최초로 공공장소에 수세식 화장실이 설치되었다면, 뉴욕 박람회에서는 세계 최초로 엘리베이터가 모습을 드러내어 사람들을 놀라게 했다.

뉴욕 박람회가 끝난 2년 후인 1855년에는 프랑스 파리에서 박람회가 열렸다. 파리 박람회는 당시 프랑스의 황제였던 나폴레옹 3세가 프랑스의 국가적 위신을 과시하기 위해 독촉한 끝에 개최되었다.

나폴레옹 전쟁에서 패배한 이후 프랑스는 영국과의 체제 경쟁과 세계 패권 쟁탈전에서 완전히 밀려나 영국에 뒤처진 2류 국가로 전락한 상태였으나, 자존심 강한 프랑스인들은 자신들이 아직도 영국에 못지않은 강대국이라고 생각했다. 그래서 프랑스는 19세기 내내 아프리카와 동남아시아와 중국 등지에서 식민지 쟁탈전에 적극적으로 뛰어들었다. 한번은 아프리카 중부의 파쇼다에서 영국과 식민지 영토 분쟁을 벌인 적도 있었을 만큼, 영국을 향한 프랑스의 경쟁의식은 치열했다.

그렇게 해서 개최된 파리 박람회에서도 온갖 다양한 물건들이 전시되어 관람하는 사람들을 놀라게 하고 즐겁게 했다. 파리 박람회에서는 세계 최초로 사진을 찍는 기계인 사진기와 다양한 종류의 와인을 증류하는 기구가 등장하였다. 그림보다 더 정밀한 사진을 찍는 사진기는 순식

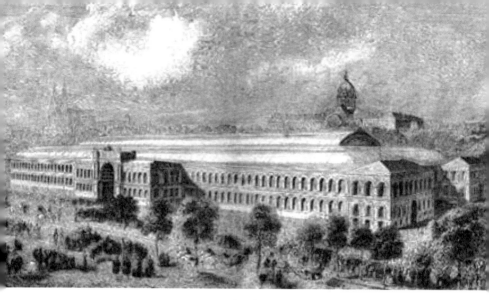

▲ 1855년 파리 박람회가 개최된 박람회장

간에 영국과 미국 등 다른 나라로 전파되어, 이후 비서구권 국가들에게
서양인들이 이룩한 훌륭한 과학적 성취를 과시하는 대표적인 장치가
되었다. 또한 나폴레옹 3세는 파리 박람회에 내보내기 위해 프랑스 국
내의 와인 제조업자들에게 최고 품질의 와인을 만들라는 명령을 내렸
다. 그 덕분에 파리 박람회에 참석하여 프랑스 와인들을 맛본 사람들은
극찬을 아끼지 않았고, 이것이 계기가 되어 프랑스의 와인은 세계 최고
의 와인으로 평가받게 되었다.

이렇듯 세계박람회는 개최하는 국가의 발전과 번영을 과시하며 국가
적 위상을 높일 수 있는 기회로 자리 잡았다. 동양에서는 1970년 일본
오사카에서 처음으로 세계박람회가 개최되었다. 한국은 1893년 시카
고 세계박람회에 참가한 이해 1900년 파리 박람회에도 참가하였으며,

▲ 1993년 개최되어 총 1,400만 명이 관람한 대전세계박람회

1993년 8월 7일에는 마침내 박람회에 참가한 지 100년 만에 대전에서 대전세계박람회를 개최하였다. 중국은 우리보다 20년 늦은 2013년 상하이에서 박람회를 개최하였다.

인터넷과 스마트폰이 보편화되어 온갖 볼거리가 넘쳐 나는 요즘에는 19세기처럼 박람회가 엄청난 화젯거리가 되지는 못한다. 그러나 박람회라는 대회가 갖는 본질을 본다면, 비록 막대한 비용은 들지만 국가의 번영과 과학 기술의 발전이라는 요소를 보여주는 전시장이라고 평가해야 할 것이다.

13

골프
사랑과 미움을 동시에 받는 스포츠

지금은 단지 IMF 구제금융 사태와 경제 파탄을 불러일으킨 원흉으로 전락했지만, 김영삼 전 대통령은 대한민국 역사상 가장 높은 지지를 받았던 정치인이었다. 집권 초기 김영삼 대통령의 지지율은 무려 90%에 달했는데, 이 수치는 한국 정치사상 그야말로 전무후무한 것이라고 해도 과언이 아니다. 김영삼은 재임 당시 여러 가지 개혁 정책을 펴서 국민들로부터 열렬한 지지를 얻었다. 그중 하나는 바로 공무원들에게 골프 금지령을 내린 것이었다. 당시 비싼 돈을 내고 골프장에 들락거리면서 각종 향응과 접대를 받는 공무원들의 비리와 부패가 극성이었기에 국민들은 이 조치를 크게 환영했다.

하지만 김영삼 대통령의 골프 금지령은 얼마 못 가 유명무실해졌다. 아무리 금지해도 골프에 열광하는 공무원들은 도무지 줄어들지 않았던 것이다. 고위 공무원과 기업가들은 대통령의 조치를 비웃듯 자기들끼리 국내와 해외의 고급 골프장들을 찾아다니며 골프에 열을 올렸고, 어

▲ 네덜란드인 시인인 야곱 반 마엘란트. 그가 언급한 '골프(colf)'가 골프의 어원이 되었다.

쩌다 적발되어 처벌받는 사람이 나오면 "정말 재수가 없었네!"라고 할 뿐이었다. 그만큼 골프는 미움을 받으면서도 한편으로는 사랑을 받는 기묘한 스포츠였다.

골프의 기원

이렇듯 골프는 사치와 부패성 스포츠라고 비난을 받으면서도, 다른 한편으로는 선망의 대상이 되기도 하였다. 그렇다면 골프는 언제 어떻게 시작된 것일까?

이름을 보면 알겠지만 골프는 서양에서 생겨난 스포츠다. 물론 한국에도 조선 시대에 '타구'라는 골프와 비슷한 놀이가 있기는 했지만, 현대 골프의 원형은 엄연히 서양에서 시작되었다.

가장 오래된 골프는 고대 로마인들이 즐겼다는 놀이인 '파가니카 (paganica)'이다. 이 파가니카는 골프의 기원으로 추정되는데, 깃털이 달린 가죽공을 나무 막대로 때려 멀리 보내는 형식이었다. 놀이의 방식은 거의 골프와 같다.

로마가 망한 이후 파가니카는 한동안 잊혀졌다가 13세기 무렵에 다시 등장한다. 오늘날 프랑스와 벨기에의 접경 지역인 플랑드르에서 살았던 네덜란드인 시인인 야콥 반 마엘란트(Jacob van Maerlant)가 1261년 자신의 시에서 나무 몽둥이로 둥근 가죽공을 쳐 내는 경기인 '콜프(colf)'를 언급하는데, 이것이 골프라는 단어의 어원이 되었다.

1297년 2월 26일에는 네덜란드에서 막대기로 가죽공을 치는 콜프 게임이 열렸는데, 우승자는 100미터 밖으로 가장 작은 공을 날려 보냈다고 한다. 일부 학자들은 이것이 유럽 대륙에서 열린 최초의 골프 게임이라고 주장하고 있다.

그러나 콜프 게임은 법의 규제를 받기도 했다. 1360년 벨기에 브뤼셀의 행정관은 콜프 게임을 금지시켰고, 이를 어기면 20실링의 벌금을 매긴다고 선언했다. 콜프 게임이 지나치게 사람들을 빠져들게 하고 도박으로 변질될 우려가 있다는 이유에서였다. 게다가 네덜란드와 플랑드르 지역은 15세기부터 정정이 불안하고 사회 혼란이 계속되었기 때문에, 콜프 게임이 성행하지 못하고 크게 위축되었다.

스코틀랜드에서 틀이 잡힌 골프

현대 골프의 직접적인 기원은 영국 북부의 스코틀랜드에서 시작된다. 골프라는 단어 자체는 네덜란드어의 콜프가 스코틀랜드식 발음으로 바뀐 것이다. 로마군이 남긴 파가니카로부터 유래된 골프는 스코틀랜드의 초원에서 소와 양을 치는 목동들이 심심풀이로 했던 경기였다. 그러다 골프는 서서히 스코틀랜드의 상류층들에게 전파되기 시작했다. 성자로 추앙받는 스코틀랜드의 앤드류 왕은 골프를 무척 좋아하여, 그 자신이 직접 골프를 후원했다고 전해진다.

그러나 대륙에서처럼 스코틀랜드에서도 골프 금지령이 내려지기도

▶ 1766년 스코틀랜드에서
열린 골프 대회

했다. 1457년 스코틀랜드의 국왕인 제임스 2세(1430-1460)는 모든 백성들
에게 골프를 금지시키고, 골프를 대신할 놀이로 활쏘기 연습을 하라는
선언문을 발표했다.

　여기에는 그럴 만한 이유가 있었다. 지금은 스코틀랜드가 영국(연합
왕국)의 일부가 되어 있지만, 1707년까지 스코틀랜드와 잉글랜드는 서
로 다른 왕을 섬기던 별개의 나라였다. 그리고 두 나라는 서로를 상대
로 약탈과 전쟁을 벌였는데, 스코틀랜드보다 더 기름진 농지가 많아서
부유했던 잉글랜드는 스코틀랜드를 번번이 합병하려 들었다. 할리우드
영화 〈브레이브하트〉에서 멜 깁슨이 주연한 윌리엄 월레스는 바로 잉

글랜드에 맞서 스코틀랜드의 독립을 지켜 낸 영웅이다.

오랫동안 스코틀랜드는 독립국으로서 잉글랜드와 적대적인 상태에 놓여 있었는데, 전쟁에서 잉글랜드는 크고 긴 활인 장궁(長弓: longbow)을 사용하여 스코틀랜드 병사들에게 치명적인 화살을 퍼부었다. 잉글랜드 군이 쓰는 장궁 때문에 스코틀랜드군은 자주 패배를 당했다. 스코틀랜드인들은 접근전을 선호하고 활을 별로 사용하지 않았기 때문이었다. 그래서 제임스 2세는 스코틀랜드 군대가 잉글랜드군과 싸워 이기려면 잉글랜드군처럼 스코틀랜드군도 활쏘기에 익숙해져야 한다고 생각했다. 그래서 스코틀랜드인들이 즐기던 골프까지 금지시키면서 활쏘기를 배우라고 강요했던 것이다.

하지만 스코틀랜드인들은 왕의 명령에 순순히 따르지 않았다. 재미 있는 골프 경기를 못하고 재미도 없는 활쏘기를 억지로 하려니 신이 날 리가 없었다. 제임스 2세도 이 사실을 알았던지, 그가 쓴 책에서 스코틀랜드인들이 과녁을 향해 활을 쏘면 과녁에 미치지도 못하거나 빗나가 과녁 위로 한참 높이 쏘아 버린다고 적어, 스코틀랜드인들의 활 솜씨가 형편없다고 인정하고 있다.

스코틀랜드의 골프 금지령은 1457년 이후 1471년과 1491년에도 반복 되었지만 여전히 효과가 없었다. 귀족과 평민을 막론하고 스코틀랜드인들은 금지령을 비웃듯 계속 골프 경기를 즐겼다. 스코틀랜드의 메리 여왕(1542-1587)은 골프 경기 때문에 정치적으로 큰 곤경에 처하기도 했다. 1567년 자신의 남편인 단리 경이 화약 폭파 사고로 죽었을 때, 자신은 멀리서 골프 경기를 즐기면서 남편의 죽음을 외면했다는 이유에서였다. 그래서 일부 사람들은 혹시 메리 여왕이 단리 경의 암살에 관련이 되어 있지 않나 하는 의구심을 품기도 했다. 나중에 밝혀진 바에 따르면 그런 추측은 사실로 드러났다. 메리 여왕은 자신의 비서이자 애인인 리치오를 죽인 단리 경을 증오하여, 신하인 보스라 백작과 짜고서 미리 화약을 묻어 놓고 그것을 터뜨려 단리 경을 죽였던 것이다.

여하튼 스코틀랜드의 골프는 메리 여왕 이후에도 계속 살아남아 발전했다. 1672년 3월 2일에는 스코틀랜드의 머슬버그 링크(Musselburgh Link)에서 세계 최초로 골프 코스 경기가 열렸다. 그리고 1687년 1월 20일에는 스코틀랜드의 에든버러대학교에서 골프 경기가 개최되었다.

이렇게 골프를 즐기는 스코틀랜드에 비해, 잉글랜드에는 골프가 늦게 전해졌다. 그것은 잉글랜드인들이 스코틀랜드인을 가리켜 야만적이고 미개한 족속이라고 멸시했기 때문이었다. 자연히 골프도 거칠고 무지한 스코틀랜드인들이나 즐기는 저속한 스포츠로 폄하되었을 것이다.

현대적인 골프 대회의 창설

1744년 세계 골프 역사에 한 획을 긋는 사건이 일어났다. 스코틀랜드인들이 세계 최초의 골프 협회인 '신사 골퍼들의 은 골프채 대회(Gentlemen Golfers' Competition for the Silver Club)'란 조직을 결성했던 것이다. 신사 골퍼들의 규정에는 총 13가지의 항목이 있었는데, 오늘날 골프 대

▲ 18세기에 그려진 골프를 치는 소년들

회의 규칙들도 모두 여기서 나온 것이다. 스코틀랜드의 골퍼들이 세계 골프의 기틀을 마련한 셈이다.

그로부터 10년 후인 1754년 5월 14일에는 역시 스코틀랜드의 세인트 앤드루스에서 골프 클럽이 창설되었으며, 1834년에는 영국 왕 윌리엄 4세(1765-1837)가 세인트 앤드루스 골프 클럽에 '왕립 고대 골프 클럽(Royal and Ancient Golf Club)'이라는 새로운 이름을 부여하였다. 영국 왕이 후원하는 '왕립 고대 골프 클럽'이 등장하자, 골프는 이제 스코틀랜드만의 스포츠가 아닌 잉글랜드를 포함한 모든 영국인의 스포츠로 자리 잡게 되었다. 또한 왕립 고대 골프 클럽은 오늘날까지 영국의 모든 골프 대회들을 주관하면서 영국인과 외국인들에게 널리 골프를 전파하는 데 크게 공헌했다.

1837년 빅토리아 여왕이 즉위한 후 골프는 본격적인 붐을 일으켰다. 빅토리아 여왕은 1901년까지 재위했는데, 그녀의 통치 기간 중에 골프는 대대적인 혁신을 맞았다. 우선 1848년에 골프에 사용되는 골프공이 이전까지 사용되던 깃털이 달린 가죽공에서 고무가 들어간 공인 '구타-페르카(gutta-percha)'로 바뀌었다. 구타-페르카는 가죽공보다 탄력이 더 뛰어나고 잘 파손되지 않아 더 오래 사용할 수 있었으며 추운 날씨에도 멀리까지 날아가는 장점이 있었다. 게다가 구타-페르카는 공장에서 대량생산되는 제품이라 값이 쌌기 때문에 더 많은 사람들이 골프에 참여할 수 있었다.

1865년에는 '런던 스코틀랜드 골프 클럽(London Scottish Golf Club)'이 창설

되었으며, 1872년에는 세인트 앤드루스에서 세계 최초로 여성들이 가입한 골프 클럽이 등장했다. 1873년에는 영국의 식민지였던 캐나다에 '왕립 몬트리올 골프 클럽'이 결성되었다. 1880년대 말까지 골프는 영국의 번영을 부러워하던 유럽 대륙의 여러 나라들과 영국의 식민지인 호주와 뉴질랜드까지 전파되었다.

미국에서는 캐나다보다 14년 뒤인 1887년에 '폭스버그 골프 클럽'이 창설되었다. 이것이 미국에서 처음 등장한 골프 클럽이었다. 골프는 미국에서도 금세 큰 인기를 끌었다. 우드로 윌슨 대통령(1856-1924)은 쇠약한 건강을 강화하기 위해서 친구인 캐리 T. 그레이슨 박사의 충고에 따라 골프를 거의 매일같이 쳤다고 한다. 1932년에는 미국에서 운영 중인 골프 클럽만 1,100개나 되었다.

한국에 골프가 처음 전해진 것은 대한제국 시절인 1900년 함경남도 원산을 방문한 영국인들이 골프를 치면서였다. 그리고 일제강점기인 1929년 조선의 수도인 경성에 한국 역사상 최초로 '경성 골프 구락부(클럽의 일본식 발음)'라는 정식 골프장이 문을 열었다.

1945년 해방 이후 골프는 정국 불안과 한국전쟁 때문에 한동안 침체기를 겪다가, 한국전쟁이 끝난 1953년에 가서야 서울에 경성 골프 구락부가 이름을 바꾼 '서울 컨트리 클럽'이 개장되면서 다시 빛을 보았다.

14

양복과 중절모

양복은 그대로인데, 비단 중절모는 왜 사라졌을까?

오늘날 전 세계 모든 남자들이 중요한 공식 행사에 반드시 입고 나가야 할 옷이 바로 양복(洋服, suit)이다. 빈부나 신분에 상관없이 양복은 품위와 예의를 아는 사람이라면 꼭 입어야 할 필수 의상이 되었기에 정장이라는 이름으로도 불린다. 여기서 말하는 '양복'은 '서양의 옷'이란 뜻이다. 그렇다면 양복은 언제, 어디서 생겨났을까?

루이 14세와 찰스 2세 시절에 생겨난 양복

양복의 역사는 그리 오래되지 않았다. 영국 왕 찰스 2세(1630-1685)가 1666년 칙령을 내려 귀족 남성들에게 기존에 입던 화려한 드레스 양식을 단순화하여 롱코트(프록코트), 조끼, 넥타이, 가발, 무릎 바지(무릎까지만 덮고 발목은 긴 양말을 신는 복장), 모자를 착용하도록 조치한 것이 오늘날 양복의 기원이 되었다.

▶ 찰스 2세가 내린 칙령에 따라 양복을 착용한 영국인 귀족 피셔 게인즈버러. 영국의 화가인 토마스 게인즈버러의 작품.

이러한 복장은 루이 14세(1638-1715)가 집권하던 시절 베르사유궁전에서 활동하던 프랑스 귀족들의 옷차림을 모방한 것이었다. 왜 영국 왕이 프랑스 귀족 복식을 따라하라는 칙령을 내렸을까? 19세기 초까지 프랑스는 유럽의 최강대국이었고, 프랑스의 찬란한 문화는 유럽의 모든 왕족과 귀족들에게 동경의 대상이었기 때문이다. 그래서 19세기까지 유럽 각국의 왕실과 귀족 사회에서는 프랑스어가 공용어였고, 왕족과 귀족들은 자기 집에 반드시 프랑스어를 가르치는 가정교사를 둘 정도였다.

양복에 반드시 들어가는 넥타이 역시 프랑스의 복식 문화에서 유래한 것이다. 원래 넥타이는 프랑스인이 아닌 지금의 크로아티아인들이 목에 매는 목도리였다. 이런 넥타이가 프랑스의 복식 문화에 도입된 데에는 여러 가지 이야기가 전해져 내려온다. 하나는 17세기 무렵 프랑스 군대에서 용병으로 복무하던 크로아티아 용병들이 착용하던 목도리가 변해서 넥타이가 되었다는 설이다. 다른 하나는 루이 14세가 크로아티아 사신들이 목에 맨 목도리 '크러뱃'을 신기하게 보고, 그것을 궁정 신하들에게 반드시 매고 다니라고 해서 넥타이가 되었다는 설이다.

여하튼 프랑스인들이 착용한 넥타이는 찰스 2세 시절부터 영국에 전해져서 양복의 일부가 되었다. 물론 17세기에 귀족 남자들이 착용했던 넥타이는 지금의 넥타이와는 달라 손수건이나 머플러에 가까웠다.

한편 1793년 영국에서는 조지 더네지(George Dunnage)란 기술자가 비버의 모피로 만든 모자인 '톱햇(top hat)'을 쓰는 문화가 남성들 사이에서 퍼져 나갔다. 처음에는 상류층 인사들 사이에서 유행하던 톱햇은 이윽고 노동자들을 포함한 모든 사회 계층으로 광범위하게 전파되었다. 그러자 자존심이 강한 귀족들은 자신들이 비천한 노동자들과 똑같은 모자를 쓴다는 것이 불쾌하여 좀 더 고급스러운 느낌을 주기 위해서 일부러 톱햇의 표면에 검은색의 윤기가 도는 비단을 씌운 모자인 '실크햇(silk hat)'을 쓰고 다녔다. 이것이 오늘날까지 영국 신사 혹은 귀족이나 자본가 같은 상류 계층 남자들을 떠올릴 때 문화적인 상징이 된 비단 모자의 기원이다.

빅토리아시대, 턱시도와 카디건의 등장

영국의 최전성기인 19세기 빅토리아 시대에 이르러 양복은 그 형태에 큰 변화가 일어난다. 당시 영국 귀족 사회에서 최고의 멋쟁이로 불리던 보우 브루멜(Beau Brummell, 1778-1840)은 찰스 2세 시대부터 이어져 오던 양복의 차림을 대폭 개선했다. 우선 그는 넓은 손수건 같은 넥타이를 길고 좁게 잘라 낸 다음 화려한 장식을 넣었다. 그리고 양말의 길이를 무릎까지에서 발목까지로 줄이고, 대신 바지를 무릎보다 더 아래인 발목까지로 길게 늘렸다. 이는 야외 활동을 하기에 좀더 편하도록 취한 조치였다. 아울러 브루멜은 엷은 색 조끼와 흰색 셔츠와 어두운 색의 연미복도 만들어 상류층 사회에 도입시켰다. 브루멜이 죽고 20년이 흐른 1860년에 이르자 현대 양복의 표준 양식이 등장했다. 공식 행사에서는 '프록코트(frock coat)'가 교양과 품위를 가진 신사들의 필수 복장으로 인식되었으며, 저녁의 만찬에서는 뒤끝이 긴 연미복을 착용하였다. 또한 검은색 넥타이를 매는 이른바 '턱시도(tuxedo)' 양식도 나타났는데, 이것은 미국으로 전해져서 더욱 유명해졌다.

빅토리아 여왕의 남편인 앨버트 공작도 양복의 역사에 이름을 남겼다. 앨버트 공작은 기존의 조끼와는 달리 단추가 오른쪽과 왼쪽 두 쪽에 모두 달린 조끼를 즐겨 입었다. 사람들은 이 차림을 가리켜 앨버트 공작이 입었다고 해서 앨버트 조끼라고 불렀다. 그런 연유로 앨버트 조끼는 지금도 단추가 좌우에 모두 달려 있다.

또한 빅토리아 시대 장군인 카디건(Cardigan) 백작 제임스 브루더넬 (James Brudenell, 1797-1868)도 양복에 영향을 끼쳤다. 그는 추운 겨울날 집에서 불을 쬐다가 그만 불똥이 옷에 튀는 바람에 불이 붙는 사고를 당했다. 다행히 브루데넬은 불이 붙은 외투를 잘랐는데, 이때의 일화를 영국 사교계에서 흥미로운 이야깃거리로 삼고 다녔다. 그러자 유명 인사인 브루더넬을 동경하던 영국 상류층들은 자신들도 브루더넬처럼 외투를 짧게 자른 차림으로 다녔는데, 카디건 백작의 이름을 따서 이러한 복식을 카디건이라고 부르게 된 것이다.

20세기에 들어 탈바꿈한 양복

한국에 양복이 들어온 때는 1900년인 대한제국 시절이었다. 당시 대한제국의 고종 황제는 서구식 문물을 도입하여 국가 체제를 대대적으로 정비하려는 작업에 착수했다. 고종은 20세기 초 세계 최강대국인 영국의 제도와 문물을 배워야겠다고 생각하여 영국 상류층들이 입는 양복을 대한제국의 고위 관료들이 공식적인 행사장에서 입는 의복으로 지정했다. 이것을 시작으로 비로소 한국 사회에도 양복을 입는 문화가 전해지게 되었다.

그러나 고유 문화에 애착이 강한 한국의 보수적 인사들은 공식적인 행사장에서도 여전히 갓과 두루마기 같은 조선 시대 의상을 착용하고 나왔다. 대한제국과 일제시대를 거쳐 해방 이후인 한국전쟁 무렵에도 대다수 한국 서민들의 의상은 갓과 두루마기였다. 그러다가 박정희 정부가 출범한 1960년대 이후부터 이런 의상 문화가 급격하게 바뀌어 갔다. 박정희 정부는 한국이 근대화를 이루려면 낡은 옛 문화를 모두 버려야 한다고 믿었고 이를 강압적으로 밀어붙였다. 한국의 고유한 전통 술 문화가 정부의 대대적인 탄압을 받고 사라진 것도 바로 박정희 정부 집권기였을 만큼, 박정희 정부의 강제적인 근대화 작업은 국민들에게 큰 영향을 끼쳤다. 박정희 정부 시대에 이르러서야 한국인의 의상 문화는 완전히 서구화되어, 갓과 두루마기는 공식 의상에서 퇴출당하고 그 자리를 양복이 차지하게 되었던 것이다.

제2차 세계대전 무렵까지 지성과 품위를 갖춘 '신사'라면 누구나 비단 모자(실크햇)와 양복을 착용해야 했다. 그러던 문화는 뜻하지 않게 영국이 아닌 미국에서 심각한 도전에 직면했다. 제2차 대전을 거치면서 영국은 크게 피폐해진 반면, 미국은 전쟁에서 승리하여 영국을 제치고 명실상부한 세계 최강대국으로 떠올랐다. 그런데 미국 대통령 아이젠하워(1890-1969)는 모자 쓰는 것을 귀찮고 거추장스럽다고 생각하여 대통령 취임식에서 실크햇을 쓰지 않았다. 세계를 주도하는 최강대국인 미국의 최고 지도자가 실크햇을 쓰지 않는 모습을 본 전 세계의 모든 사람들은 충격을 받았고, 신사의 상징이던 실크햇은 아이젠하워로 인해서 점차 불편하고 귀찮은 물건으로 폄하되기 시작했다.

케네디 대통령(1917-1963)은 실크햇을 대통령 취임식에 가져오기는 했으나, 그도 일상에서는 실크햇이 불편하다고 여겨 잘 쓰지 않았다. 그

◀ 실크햇을 쓴 미국 메릴랜드 주지사 오스틴 레인크로더스

◀◀ 미국의 34대 대통령이었던 아이젠하워. 그는 군인 출신이었지만, 모자 쓰는 것을 별로 좋아하지 않아서, 반드시 모자를 쓰고 다녀야 했던 군에서 퇴임하여 정치인이 된 이후에는 모자를 쓰지 않았다. 덕분에 비단 모자 쓰는 풍습도 점차 자취를 감추고 말았다.

리고 그다음 대통령인 존슨(1908-1973)은 아예 실크햇을 쓰고 다니지 않았다. 미국 대통령들이 이러자 세계 각지에서는 더 이상 실크햇을 쓰지 않게 되었다.

단 실크햇의 본고장인 영국에서는 보수적인 관습 때문에 한동안 실크햇을 쓰고 다니는 문화가 남아 있었다. 그러다가 1986년 10월 런던증권거래소에서 입장하는 모든 남성들이 실크햇을 의무적으로 써야 하는 규칙을 폐지함으로써 비로소 실크햇이 공식 행사에서 자취를 감추게 되었다. 하지만 왕의 즉위식이나 왕실의 행차에는 종종 실크햇이 모습을 드러내고는 한다.

15

우산

영국 신사들이 항상 우산을 가지고 다니는 이유는?

영국 하면 많은 사람들은 손에 우산을 들고 다니는 '영국 신사'를 떠올린다. 사실 그런 식의 영국 신사는 현실에서 그리 흔하지 않은데, 아직도 많은 사람들은 영국 신사들이 우산을 필수품으로 들고 다닌다고 생각한다.

영국 신사들이 우산을 가지고 다니는 이유는 간단하다. 영국은 지리적으로 북대서양에 위치해 있어 습기가 많고 비가 자주 내린다. 그런 이유로 영국인들은 시도 때도 없이 내리는 비에 대비하기 위해 항상 우산을 가지고 다니는 것이다.

그렇다면 영국인들은 대체 언제부터 우산을 들고 다녔을까? '우산 하면 영국 신사'라는 이미지와는 달리, 영국에서 우산을 사용하게 된 것은 그리 오래되지 않았다. 애초에 우산은 영국이 아닌 다른 지역에서 만들어진 물건이었기 때문이다.

우산과 양산, 본래는 하나였다

오늘날 우리는 우산과 양산을 별개로 구분한다. 그러나 옛날 사람들은 이 두 가지 물건을 구분하지 않았다. 원래 우산은 비가 아니라 햇빛을 막는 용도로 더 많이 사용되었다.

우산 혹은 양산은 고대 중동에서 처음 등장했다. 기원전 8세기, 아시리아 제국의 수도인 니느웨에 새겨진 조각에서 환관이 자신의 손에 든 양산을 아시리아 왕의 머리 위에 씌워 주고 있다. 중동은 햇빛이 매우 뜨겁기 때문에 고귀한 왕의 몸에 닿는 햇빛을 막아 주는 양산이 중요한 도구였다. 존엄한 전제군주는 햇빛을 오래 쬐어 병에 걸리거나 쓰러지면 안 되었던 것이다. 이런 인식은 비단 중동만이 아니라 중국 등 동양에서도 마찬가지였다. 그래서 양산은 오랫동안 군주들의 위엄을 상징하는 도구로 인식되었다.

고대 이집트에서는 아시리아보다 더 다양한 형태의 양산이 있었다. 어떤 경우에는 묵직한 기둥에 고정되어 있는 양산도 있었는데, 그것은 현대의 파라솔과 같았다. 파라솔이라는 단어에는 '솔(태양)을 가리는 것'이라는 뜻이 담겨 있다. 이처럼 고대 이집트에서 이미 지금 사용하는 파라솔과 같은 용도의 물건을 만들었던 것이다. 이집트의 파라솔 대는 요즘과 달리 금속이 아닌 야자수 나무를 이용해 만든 물건이었다.

기원전 5세기 말엽이 되자, 그리스에서도 중동의 영향을 받아 양산이 등장했다. 그러나 그리스는 스파르타 같은 일부 도시국가들을 제외하

▲ 서기 320년 인도의 굽타 왕조 시절에 그려진 벽화에
묘사된 우산의 모습

면 왕이 없는 공화정이었기 때문에, 양산은 중동처럼 왕의 행차에 사용되는 고귀한 물건이 아니라 따가운 햇빛을 가려 피부를 보호하려는 여자들이 사용하는 일종의 패션 도구로 용도가 바뀌었다. 그래서 그리스인들은 양산을 여자들이나 쓰는 하찮고 나약한 물건으로 멸시하였다. 그리스 문화를 계승한 로마인들도 양산을 하찮게 여겼다.

그렇다면 그리스와 로마 같은 고대 유럽이나 그 이후의 중세 유럽에서는 비가 오면 어떻게 했을까? 건물의 지붕 아래로 급히 몸을 피하거나 그게 쉽지 않으면 그냥 그대로 비를 맞았다. 우산이 일반화된 시대에 사는 현대인의 생각으로는 이해하기 어렵지만, 서양인들은 우리에 비해 비 맞는 것을 별로 불편하게 생각하지 않았던 모양이다.

한 예로 서기 10세기 무렵 동유럽을 여행했던 아랍인 이븐 파들란(Ibn Fadlan)은 자신이 만난 루스족(러시아인)들이 비가 내리면 그대로 맞으면서 생활하는 것을 보고 무척 놀라워하며 그들에게 비를 맞아도 괜찮느냐고 물었다. 루스족들은 이렇게 대답했다; "비를 맞는 것이 뭐가 나쁩니까? 비는 불쾌하지도, 불편하지도 않습니다."

아랍은 유럽에 비해 무척 건조한 날씨라 비가 별로 내리지 않았고, 내린다 해도 금방 말라 버리는 기후였다. 그런 아랍에서 살던 이븐 파들란에게 일상에서 비를 그대로 맞고 다니는 유럽인들은 굉장히 신기한 존재로 보였을 것이다.

한편 동양에서는 기원전 6세기 청동으로 만든 경첩이 달린 소켓형 양산이 등장했다. 이 금속제 양산은 중국의 역대 왕조들이 수도로 사용한

▲ 1670년 프랑스 화가인 샤를 르 브룅이 그린 대법관 피에르 세기에의 행차 모습. 머리 위에 양산을 받쳐 주는 시종이 보인다.

도시인 낙양에서 발견되었는데, 놀랍게도 지금의 우산처럼 필요할 때에 작게 접고 펼 수 있었다.

금속제 양산과 더불어 중국에서도 아시리아처럼 환관이 황제의 머리 위에 씌워서 햇빛을 가리는 용도로 사용하는 양산이 있었다. 양산은 춘추전국시대에 처음 등장했는데, 중국에서는 해가리개라는 뜻의 '일산(日傘)'으로 불렸다. 중국의 일산도 중동의 양산처럼 사용자의 위엄을 나타내는 고귀한 물건이었다. 또한 일산은 수레 위에 장착되기도 했다.

이 밖에도 중국인들은 기름을 먹인 종이에 대나무 살을 붙여 만든 우산을 사용하기도 했다. 이것은 해를 가리는 용도가 아니라 오직 빗물만 막는 진짜 우산이었다. 이 우산은 중국의 이웃 나라인 한국과 일본 등 동아시아 각국에 퍼져 나갔고, 실크로드를 통해 중국의 서쪽인 페르시아와 중동에도 전파되었다.

중세 유럽에서는 양산이 사용되었으나 이용 계층은 신분이 높은 왕족과 귀족 등으로 한정되었다. 양산을 쓰고 다니는 사람들을 가리켜 "쓸데없는 사치를 부린다."고 비웃는 풍자극까지 있을 정도였다.

조나스 한웨이와 현대식 우산의 등장

17세기에 중국에 선교를 하기 위해 온 유럽의 예수회 성직자들은 중국인들이 우산을 써서 비를 막는 모습을 보고 무척 신기해 했다. 그들이 그것에 관한 기록과 실물을 본토인 유럽으로 보내면서 비로소 유럽인들도 우산과 그 용도를 알게 되었다. 당시 예수회 성직자인 존 이블린(John Evelyn)은 1664년 6월 22일에 기록한 자신의 일기에서 "중국인들이 크고 긴 손잡이가 달린 막대기에 기름을 먹인 종이를 펼쳐서 비를 막아 몸이 물에 젖지 않는다."고 하며 상당한 호기심을 나타냈다.

18세기에 이르러 비로소 영국에서 최초로 상업용 우산이 나타났다. 매그달렌(Magdalen) 병원의 설립자인 영국인 조나스 한웨이(Jonas Hanway, 1712-1786)는 유럽에서 처음으로 상업용 우산을 만든 발명가다. 그는 예수회 선교사들이 보내 온 중국제 우산에 관한 정보들을 수집하여, 비가 내릴 때 우산을 펼치면 비에 젖지 않고 건강을 유지할 수 있다고 여겨 자신이 직접 우산을 만들었다. 그는 고래수염이나 나무로 우산의 뼈대를 만들었고, 비가 새지 않도록 종이나 천에 왁스를 발랐다.

조나스 한웨이는 자신이 만든 우산의 상품 광고를 런던에서 발행되는 여러 신문에 실었다. 하지만 처음에는 그의 시도가 그리 환영받지 못했다. 오히려 조나스 한웨이가 낸 우산 판매 광고를 본 많은 사람들은 그의 행동을 공개적으로 비난하고 조롱했다.

> 그까짓 비야 그냥 맞고 나서 불을 쬐면서 말리면 되는 것이지, 뭐하러 그렇게 쓸데없는 것을 만들었나? 그리고 비가 올 때마다 일일이 그런 것을 펼치고 다니면 귀찮고 번거롭지 않나?

이런 식의 반응을 오늘날의 사람들은 이해할 수 없을 것이다. 그러나 역사를 통틀어 보면 새로운 발명은 으레 격렬한 반발에 휩싸이곤 했다. 지금 서양 식문화에서 필수적인 포크만 해도 그렇다. 포크는 본래 서기 10세기 동로마제국(비잔틴제국)에서 이탈리아로 전해진 것이다. 하지만 당시 서유럽인들은 포크를 좋아하지 않았다. 포크가 발명되기 이전까지 고대 그리스와 로마 및 중세 유럽인들은 음식을 그냥 손가락으로 집어 먹었다. 그런데 갑자기 포크가 나타나자, 서유럽인들은 하느님이 주신 손가락으로 음식을 집어 먹으면 되지 뭐하러 그런 요상하고 쓸데없

▲ 사람들에게 우산의 편리함을 알리기 위해, 직접 비가
오는 와중에 우산을 쓰고 다녔던 조나스 한웨이

는 것으로 음식을 찍어 먹느냐고 비웃었다. 포크를 사용하던 사람들을
비웃는 광대극까지 나올 정도였다. 포크를 이용한 식습관은 서기 16세
기에 가서야 자리 잡았다.

하지만 조나스 한웨이는 주위의 비웃음에도 아랑곳하지 않고 무려
30년 동안이나 우산의 편리함을 알리기 위해 애썼다. 그 결과, 조나스
한웨이가 처음 시작했을 때는 거부반응을 보이던 영국인들이 그가 죽

은 1786년 이후에는 우산의 이점을 깨닫고 일상에서 우산을 사용하기 시작했다. 그러니까 비가 올 때를 대비해서 우산을 항상 들고 다니던 영국 신사의 모습이 일반화된 것은 채 300년도 안 된 셈이다.

19세기 영국의 기업가인 사무엘 폭스(Samuel Fox, 1815-1887)는 강철로 된 뼈대를 가진 우산을 발명했다. 두 명의 영국인이 만든 우산은 영국의 최전성기인 빅토리아시대를 타고 난 터라, 유럽을 비롯한 전 세계 각국으로 순식간에 퍼져 나갔다. 영국의 부강함을 동경하던 수많은 나라의 권력자들과 지식인들은 너도나도 앞다투어 우산을 들고 다녔다. 심지어 비가 별로 내리지 않는 날에서도 일부러 우산을 들고 다니며 '영국 신사' 흉내를 내기도 했다. 그렇게 하고 다니면 자기가 정말로 세계 최강대국의 국민인 '영국 신사'가 된 착각이라도 들었기 때문일 것이다.

한국에는 우산이 언제 들어왔을까? 여기에 대한 자세한 정보가 부족하여 정확한 실상을 알기는 어렵다. 다만 이렇게 추측할 수 있을 뿐이다. 구한말 이전까지 한국은 중국처럼 대나무에 기름 먹인 종이를 발라 만든 우산을 쓰고 다녔다. 그러다가 구한말 무렵에 한국에 기독교를 전파하러 온 미국과 영국 등 서양 선교사들이 오늘날과 같은 현대식 우산을 전했다고 여겨진다.

16

기관총과 폭격기

영국이 세계를 지배하게 만든 가공할 무기들

19세기에 들어 영국을 중심으로 한 서구 열강이 다른 지역을 정복하고 지배할 수 있었던 가장 큰 원동력은 바로 군사력이었다. 서구 열강은 막강한 군사력을 앞세워 아프리카와 아시아를 침략하고 원주민들을 굴복시켰다. 서구가 가진 군사력의 핵심 무기는 바로 기관총과 폭격기였다. 기관총은 총에서 발전된 무기이고, 총은 대포와 함께 화약을 배경으로 탄생했다. 그렇다면 화약은 언제부터 어떻게 사용되었을까?

화약의 발명과 총의 등장

화약의 발명은 중국에서 이루어졌다. 중국에서는 서기 2세기 한나라 시대부터 불로불사의 약으로 여겨지던 단약(丹藥)을 제조하는 연단술(鍊丹術)이 크게 유행했다. 연단술은 수은과 유황 같은 중금속을 가지고 사람의 수명을 늘려 주는 단약을 만들려는 염원이 담긴 작업이었다. 근본적인 면에서 서양에서 유행했던 연금술과 같았다.

이 연단술의 결과 중국의 화학 수준은 크게 발전했으며, 그 과정에서 나온 뜻하지 않은 성과가 바로 화약의 발명이었다. 현재까지 기록으로 남아 있는 가장 오래된 화약 제조 방법은 중국의 의원인 손사막(541-682)이 쓴『단경(丹經)』이라는 책에 실려 있다.『단경』에서 손사막은 목탄과 초석과 유황의 배합 방법을 기록하고, 이를 화류황법이라고 불렀다. 이때 손사막이 만든 화약은 군사용이 아니라 춘절에 귀신을 쫓기 위해 터뜨리는 축제용 폭죽이었다.

처음에 축제의 폭죽놀이로 사용되던 화약은 당나라 말기부터 점차 군사 무기로 용도가 바뀌었다. 이때는 화창(火槍)이나 화전(火箭)이라 하여 단순히 화약의 힘으로 창이나 화살을 멀리까지 날리는 용도였다. 참고로 조선 시대 사극에서 나오는 불화살이란 실제로 화살에 불을 붙인 무기가 아니라, 화살 밑에 작은 화약통을 달아서 불을 붙인 다음 쏘아서 목표물에 맞으면 화약이 터지는 방식이었다.

당나라 이후 송나라 때 대나무로 몸체를 만들어 화약을 발사하는 원시적인 대포와 적에게 던지는 수류탄인 벽력화구(霹靂火球)가 개발되었다. 그리고 1290년에 드디어 최초의 총인 화총(火銃)이 원나라에서 발명되었다. 화총은 총 전체를 구리로 만들었으며 전체 길이는 43.5센티미터 정도였다. 총구의 크기는 3센티미터였으며, 역시 구리로 만든 총탄을 장전하는데, 한꺼번에 여러 개를 넣고 발사할 수 있었다. 방아쇠로 발사하는 현대의 총과는 달리, 화총은 둥그런 총탄을 총신 안에 넣어 두

▲ 당나라 시대 중국에서 개발된 화창. 원시적인 로켓이었다.

고 불을 붙이면 총탄이 화약의 힘으로 발사되었다. 1332년에는 청동으로 만든 대포가 개발되어 실전에 배치되었다.

한편 서양에선 동양보다 화약과 총기가 조금 늦게 나타났다. 서구에서 최초로 화약이 등장한 시기는 1260년 영국의 수도사인 로저 베이컨 (Roger Bacon, 1220-1292)이 초석과 유황과 목탄을 혼합하여 만든 것이었다.

서구의 화약이 서구인들 스스로의 발명인지 아니면 중국에서 도입된 것인지는 확실치 않다. 다만 시대상으로 중국의 발명이 더 앞섰다는 점을 본다면, 아무래도 서구보다 중국과 거리상 더 가까운 아랍권을 통해 서구로 전해졌거나, 13세기 중엽 몽골군이 동유럽과 중동을 정복하면서 서구로 전파되었다고 보는 편이 타당할 것이다. 아랍에서 화약은 '중국의 눈꽃'이라고 불렸는데 이는 곧 중국의 화약이 동서 교역을 통해 아랍권에 전해졌음을 의미한다. 그렇다면 아랍보다 문물의 수준이 뒤떨어졌던 서구도 아랍이나 몽골을 통해 화약을 전수받지 않았을까?

1375년 서구에서는 중국의 화총과 같은 원리로 작동되는 권총(hand-gun)이 보급되었고, 1411년에는 아퀴버스(arquebus)라고 불리는 화승총이 등장했다. 대포는 1340년 프랑스와 이탈리아에서 개발되었다.

여기까지 보면 화약 무기의 발명은 동양이 서양보다 앞섰음을 알 수 있다. 하지만 동양의 화약 무기는 명나라 이후 그 발전이 정체되었다. 화약의 발명은 동양에서 먼저 이루어졌으나, 성능의 개량은 서구에서 더욱 활발했다. 실제로 16세기 말인 임진왜란 시절 일본이 사용한 조총과 명나라가 사용한 대포인 불랑기포는 모두 서양에서 전래된 아퀴버스와 컬버린 대포였다. 후발 주자로 시작했던 서양이 동양을 앞지른 셈이다. 그 이유는 결코 동양인들이 게으르거나 어리석어서도 아니고, 서양인들이 유달리 똑똑해서도 아니었다. 동양은 명나라 건국 이후 비교적 평화가 오래 지속되어 군사 무기 개발에 매달릴 필요가 없었다. 조선은 임진왜란과 병자호란 이후 거의 200년 넘게 평화가 계속되었고, 일본도 전국시대를 끝낸 에도막부 시대 이후 250년 동안 평화로웠다. 중국도 명나라를 뒤엎은 청나라 이후로는 국내의 반란이나 변방의 이민족 토벌 원정을 제외하면 이렇다 할 전란이 없었다.

반면 서양은 수십 개의 크고 작은 나라들이 항상 대치하며 전쟁이 하루도 끊이지 않을 정도로 혼란스러웠다. 그래서 각국이 저마다 무기 개발과 개량에 전력을 쏟았기에 새로운 무기들이 개발되었던 것이다.

기관총을 향한 도전

총이 등장한 이후부터 무기 연구가들은 여러 발의 총탄을 한꺼번에 발사할 수 있는 기관총의 발명을 꿈꾸었다. 16세기 말까지 대부분의 총기들은 동서양을 막론하고 1분에 고작 2발을 쏘는 것이 고작일 정도로 발사 속도가 느렸다. 이런 상황을 타개하고 수십에서 수백 발의 총탄을 한꺼번에 계속 쏘아 댈 수 있는 무기의 필요성이 절실해졌던 것이다.

동양에서는 16세기 말을 전후하여 초보적인 기관총들이 속속 발명되기 시작했다. 3개의 총구에서 한 번에 3발의 총탄을 동시에 발사할 수 있는 삼혈총(三穴銃), 열 개의 총탄을 연속 발사할 수 있는 십안총(十眼銃), 다섯 자루의 총을 묶은 오뢰신기(五雷神機), 28개의 총탄을 한 번에 쏘아 대는 연주총(連珠銃) 등이 발명되었다.

하지만 이런 총기들은 보편적으로 사용되지는 못했다. 총기 안에 강선이 없었던 관계로 사정거리가 짧고 명중률이 대단히 낮다는 치명적인 단점이 있었기 때문이다. 더구나 이런 총들은 현대의 기관총처럼 연속으로 총탄을 발사할 수가 없어서 화약과 총탄만 낭비하는 꼴이었다.

현대 기관총의 원형은 서양에서 나왔다. 1718년, 영국의 변호사이자 군사 무기 개발자였던 제임스 퍼클(James Puckle, 1667-1724)은 자신의 이름을 딴 기관총인 퍼클 건(Puckle Gun)을 발명했다. 퍼클 건은 1718년 5월

15일 영국의 특허청에서 세계 최초의 기관총이라는 특허를 받았다. 그러나 퍼클 건은 연사 속도가 1분 당 9발에 불과할 정도로 느렸으며, 총탄을 발사하는 부싯돌 격발장치가 자주 고장이 나는 바람에 널리 쓰이지 못하고 묻혀 버렸다.

기관총의 개량은 계속 이어졌다. 1862년 미국의 의사인 리처드 개틀링(Richard Gatling, 1818-1903)은 자신의 이름을 딴 기관총인 개틀링 기관총을 개발했다. 1분당 최대 200발의 총탄을 발사할 수 있었던 개틀링 기관총은 1866년 미군의 정식 무기로 채택되었다. 1870년 보불전쟁 당시 프랑스는 1분당 150발을 발사할 수 있는 기관총인 라 미트라예즈(La Mitrailleuse)를 실전에 배치하여 사용했다.

1883년 미국인 발명가 하이럼 맥심(Hiram Stevens Maxim, 1840-1916)은 자신의 이름을 딴 맥심 기관총을 발명했다. 이 기관총은 지금까지의 기관총들보다 더욱 혁신적이고 위력적이었다. 방아쇠만 계속 당기면 총탄이 그대로 발사되었고, 무엇보다 1분당 600발이라는 가공할 속도의 연속 사격 능력까지 지니고 있었다.

맥심 기관총은 미국인이 개발했지만 주된 사용처는 영국이었다. 하이럼 맥심은 런던에서 당시 영국군의 총사령관인 케임브리지 공작과 영국의 왕위 계승자인 웨일즈 왕자 등 영국을 이끌어가는 주요 인사들이 참석한 가운데 자신이 만든 맥심 기관총의 위력을 직접 시연했다. 맥심 기관총의 위력을 보고 감동을 받은 영국군 수뇌부는 맥심으로부터 그가 제작한 기관총을 구입하여 영국군의 정식 무기로 사용했다.

전진하라, 맥심 기관총을 들고

맥심 기관총으로 무장한 영국군은 아프리카 대륙을 정복하기 위해 아프리카로 군대를 보내기 시작했다. 제아무리 용맹한 원주민 부족 전사들이라고 해도, 1분에 600발의 총탄을 쉬지 않고 계속 쏘아 대는 맥심 기관총 앞에서는 도저히 당해 낼 수 없었다. 1879년 1월 22일 이산들와나 전투에서 영국군 24연대를 전멸시킬 정도로 남아프리카에서 영국군에게 가장 위협적이었던 원주민인 줄루족조차, 그해 7월 4일 울룬디 전투에서 불과 2정의 개틀링 기관총과 10문의 대포를 앞세운 영국군에게

▲ 상가니 전투에서 마타벨레족과 싸우는 영국군

단 40분 만에 제압당했다. 그러니 개틀링보다 훨씬 강력한 무기인 맥심 기관총을 앞세운 영국군을 상대로는 아프리카의 어떤 원주민 부족들도 이겨 낼 수 없었다.

1893년 발발한 마타벨레 전쟁에서 맥심 기관총은 최초로 그 위력을 발휘했다. 19세기 중엽부터 아프리카 대륙을 식민지로 만들기 위해 전력을 기울였던 영국은 '영국 남아프리카 회사'를 설립하고, 우선 지금의 남아프리카공화국을 비롯한 남부 아프리카 지역을 군사적으로 정복하는 데 열을 올렸다.

이때 등장한 유명한 식민지 개척자가 바로 세실 로즈(Cecil Rhodes, 1853-1902)였다. 영국 남아프리카 회사의 경영자이기도 한 그는 오늘날 짐바브웨의 서남쪽 지방인 마타벨레랜드(Matabeleland)를 정복하기 위해 7백 명의 영국군과 식민지 용병들을 이끌고 마타벨레랜드의 토착민인 마타벨레족과 전쟁을 벌였다.

당시 마타벨레족의 왕 로벤굴라(Lobengula)는 창과 방패로 무장한 8만 명의 전사와 최신형 9파운드짜리 영국제 소총인 헨리-마티니 라이플을 갖춘 2만 명의 병사를 거느렸다. 하지만 마타벨레족은 총을 정확히 조준하지 않고 마치 창을 던지는 것처럼 높이 겨냥하고 아무렇게나 쏘아댔으므로 명중률은 형편없었다. 그들의 주 무기는 어디까지나 수백 년 동안 사용했던 짧은 창이었다.

마타벨레랜드는 대부분의 지역이 구릉이 많은 산지와 울창한 삼림으로 이루어져 시야 확보가 어려웠다. 로벤굴라는 이런 험준한 지형과 10만 명의 병사들을 믿고서 자신만만한 태도로 영국군을 기다렸다.

그러나 1893년 11월 1일부터 시작된 마타벨레 전쟁은 로벤굴라의 예상을 뒤엎고 영국군의 일방적인 승리로 끝났다. 당시 정황을 묘사한 기록에 따르면, 마타벨레 전사들은 누구도 영국군 진영으로부터 1킬로미터 이내에 다가오지 못하고 무참하게 죽어 나갔다고 한다. 약 50명의 영국인 병사들이 조종하는 4정의 맥심 기관총이 무려 5천 명의 마타벨레 전사들이 다가오는 족족 총탄을 퍼부어 쓰러뜨린 것이다. 그 결과 마타벨레 전사들이 맥심 기관총으로 무장한 영국군을 천하무적의 존재로 여길 정도였다.

1894년 1월 일단 영국에 굴복한 마타벨레족은 2년 후인 1896년에 다시 영국에 저항하는 봉기를 일으켰지만, 이번에도 결과는 지난번 전쟁과 똑같았다. 아니, 더욱 참담했다. 영국군은 4백 명의 군인들이 전사했을 뿐인데 반해 마타벨레족은 무려 5만 명이나 참혹하게 죽임을 당했으니 말이다. 마타벨레족 전사들을 대량 학살한 주범은 영국군이 가지고 있던 맥심 기관총이었다.

1898년 9월 2일 오전 6시 수단 북부의 옴두르만 전투에서 영국군은 맥심 기관총을 사용하여 아프리카 식민지 전쟁사에 길이 남을 대승리를 거두었다. 당시 수단은 1881년 이슬람 수도승 무하마드가 만든 마흐디 교단이 지배하고 있었다. 마흐디 교단은 수단을 억압하는 외세인 영국에 맞서 17년 동안이나 계속 투쟁하고 있었다. 마흐디 교단은 신앙을 위해 목숨을 바친 열렬한 광신도들로 구성되었으며, 1883년 11월 5일 엘 오베이드 전투와 1885년 1월 26일 하르툼 공방전에서 영국군을 두 번이나 무찔렀을 정도로 그 위세가 매우 강성했다.

그러나 맥심 기관총으로 무장한 영국군 8,200명(동맹군인 이집트군은 17,600명)은 돌진해 오는 마흐디 신도들을 향해 맥심 기관총으로 일제사격을 퍼부었다. 옴두르만 전투에 투입된 마흐디 신도들은 무려 52,000명에 달했으나, 맥심 기관총이 쏟아 내는 무시무시한 총탄 폭풍은 그들을 일거에 쓸어 버렸다. 마흐디 신도들은 아무것도 못하고 순식간에 기관총의 총탄에 맞아 죽어 나갔다.

공격을 하는 영국군이나 공격당하는 마흐디군이나 자신들의 눈을 의심할 정도로 전황은 일방적이었다. 기관총의 총탄에 맞아 쓰러지는 마흐디군 선두 대열의 뒤로 다른 전사들이 몰려왔지만 그들 역시 동료들과 똑같은 신세가 되었다. 맥심 기관총의 위력은 정말 무시무시했는데, 마흐디 전사들 중 아무도 영국군이 파 놓은 참호로부터 50미터 근처에 와서 죽은 자가 없었다. 즉 마흐디 전사들은 영국군의 앞으로 가 보지도 못하고 원거리에서 맥심 기관총에 맞아 짐승처럼 도륙을 당했던 것이다. 시간이 갈수록 늘어나는 사상자와 도저히 이길 것 같지 않은 암울한 전황에 낙담한 마흐디 교단의 지도자인 압달라히는 결국 오전 11시 30분 남은 병력들을 모두 이끌고 후퇴하였다.

이날의 싸움에서 마흐디군이 입은 피해는 너무나 컸다. 1만 명의 전사들이 죽고 13,000명이 부상을 당했으며 5천 명이 포로로 잡혔다. 그에 반해 영국군의 손실은 47명의 전사자와 382명의 부상자가 전부였다. 아프리카에서 영국군이 이보다 더 일방적인 승리를 거둔 적은 없었다. 이 전투에 기병대 장교로 참가한 처칠(Winston Churchill, 1874-1965, 훗날 영국의 총리가 되어 제2차 세계대전을 치르는 그 처칠)은 마흐디 전사들이 죽어 간 광경을 보고 이렇게 털어 놓았다.

마흐디군은 영국군의 근처에 올 수조차 없었다. 그리고 그들은 다시 싸울 수 없었다. 이것은 전투가 아닌 사형 집행이었다. 마흐디군의 시체는 평원에 신문지 조각처럼 널려 있었다. 그중 일부는 마치 기도라도 하는 것처럼 무릎을 꿇고 있었고, 나머지는 모두 팔과 다리가 잘려 나간 채로 발견되었다.

전투를 끝낸 영국군 총사령관 키치너 장군(Horatio Herbert Kitchener, 1850-1916)은 군대를 이끌고 옴두르만과 하르툼 두 도시를 연이어 점령하였다. 9월 4일에는 하르툼에 묻힌 마흐디 교단의 창시자인 무하마드의 무덤을 파괴하여 유골의 목을 잘라 석유통에 넣어 영국으로 보냈다. 또한 미처 피신하지 못하고 영국군에 체포된 마흐디 교단의 간부급 지도자와 그 가족들은 이집트의 감옥으로 끌려갔다. 그중 여성과 어린아이들은 10년 후에 풀려났지만, 성인 남자들은 2년을 더 갇혀 있었다.

옴두르만 전투의 승리가 영국에 전해지자 영국 국민과 정부는 열렬히 환호했다. 승전의 주인공인 키치너는 남작의 작위와 빅토리아 훈장

▲ 제1차 대전 때 사용된 비커스 기관총. 맥심 기관총보다 더 우수했다.

을 수여받았으며, 영국 본국과 식민지들의 수많은 거리는 승리를 기념하여 '옴두르만'의 이름이 붙었다.

그리고 1899년 11월 25일 영국군을 피해 도망 중이던 압달리와 그 신도들은 움 디웨이카라트에서 영국군의 추격을 받고 격렬한 전투를 벌이다 모두 전사하고 말았다. 이것으로 마흐디 교단은 완전히 붕괴되었으며, 수단 전역은 영국의 식민지로 전락하고 말았다.

마타벨레족과 마흐디 교단이라는 두 개의 저항 세력은 모두 맥심 기관총으로 분쇄되었다. 영국의 아프리카 식민지 전쟁에서 맥심 기관총이 끼친 역할은 지대한 것이었다. 이집트의 카이로에서 남아공의 케이프타운에 이르는 광대한 영역의 대부분이 영국의 식민지가 된 것도 맥심 기관총의 위력에 힘입은 것이었다.

또한 옴두르만 전투의 결과가 언론을 통해서 세계 각국으로 알려지자, 맥심 기관총의 가공할 화력에 충격을 받은 독일과 러시아 등 다른 서구 열강도 재빨리 맥심 기관총을 도입하여 군대의 정식 병기로 채택하였다.

옴두르만 전투가 끝나고 5년 후인 1904년에 벌어진 러일전쟁에서 러시아군은 일본군을 상대로 맥심 기관총을 사용하여 혁혁한 전과를 거두었다. 여순 공방전에서 고지에 설치한 요새를 지키고 있던 러시아군은 밀집대형으로 돌격해 오는 일본군을 상대로 맥심 기관총을 집중적으로 퍼부어 무려 1만여 명을 사살했다. 당시 전황이 얼마나 끔찍했던지, 일본군 병사들 중에는 고지로 돌격하라는 명령을 받자 탈영하거나

BOARDING THE ' BATILLA

▲ 영국군과 맞서 싸우는 데르비시 군사들

심지어 상관을 죽이면서까지 거부하는 일도 있었을 정도였다. 이대로 가다가는 아군이 모두 전멸하고 만다는 사실을 가까스로 깨달은 일본 군은 수백 대의 야포와 산탄포를 러시아군 진지를 향해 집중적으로 발사하는 비상수단으로 간신히 위기를 모면할 수 있었다.

　1914년에 제1차 세계대전이 발발하면서, 이때부터는 모든 참전국들의 군대가 기관총을 사용하게 되었다. 제1차 대전부터 전 세계적으로 기관총이 보편화되자 막대한 사상자를 내는 보병의 밀집대형은 사라지고, 연속으로 발사되는 총탄 앞에서 무기력한 기병을 대신하여 탱크가 전쟁터에 투입되었다. 영국이 유행시킨 기관총이 20세기에 시작된 전쟁의 양상을 완전히 바꿔 놓았던 것이다.

폭격기로 제압한 소말리아의 저항

　한편 20세기 초 영국은 새로운 무기인 폭격기를 사용하여 동부 아프리카의 소말리아를 정복하고 식민지로 삼았다. 폭격기는 말 그대로 공중에서 지상에 있는 적을 향해 폭탄을 쏟아붓는 비행기인데, 이런 무기는 인간이 하늘을 날 수 있게 된 때부터 구상되었다. 1783년 프랑스의 몽골피에 형제(Joseph-Michel and Jacques-Étienne Montgolfier, 1740-1810 and 1745-1799)가 열기구를 타고 25분 동안 비행을 성공적으로 마치자, 그로부터 몇 년 후 프랑스 정부는 이 열기구를 군사용이나 정찰용으로 활용할 것을 검토했다. 1903년 미국의 라이트 형제(Orville and Wilbur Wright, 1871-1948 and

1867-1912)가 최초로 비행기를 타고 하늘을 날았고, 8년 후인 1911년 10월 26일 이탈리아 군대는 북부 아프리카의 리비아에 역사상 최초의 공중 폭격을 감행했다.

폭격기를 이용한 공중 폭격이 비행기의 개발로부터 불과 8년 만에 이루어진 것은 군사 연구가들로부터 무척 매력적인 전술로 각광 받았기 때문이었다. 높은 하늘은 지상과 거리가 멀어 아군이 마음대로 폭탄을 떨어뜨려도 적에게 반격 받을 위험성이 적다. 따라서 마음대로 상대를 공격해도 자신은 다치지 않는 이상적인 조건이었다. 이탈리아군이 시작한 공중 폭격은 3년 후인 1914년에서 1918년까지 계속된 제1차 세계대전에서 연합국인 영국과 프랑스, 동맹국인 독일과 오스트리아도 서로를 향해 무차별로 사용되었다.

제1차 세계대전이 끝나자 영국은 아직 아프리카에서 자신들의 식민지에 편입되지 않은 소말리아에 눈을 돌렸다. 당시 소말리아, 정확히 말하면 소말리아 북부인 오늘날 소말릴랜드에서는 19세기 말부터 영국에 맞서 반(反) 제국주의 항쟁을 벌인 무하마드 압둘라 하산(Mohammed Abdullah Hassan, 1856-1920)이 활동하고 있었다. 그는 이슬람 율법을 공부한 성직자로, 영국을 비롯한 서구 제국주의 열강이 아프리카를 침략하여 이슬람교와 국가를 파괴하고 있다며 무척 분개하였다.

1898년 8월 무하마드는 자신이 만든 이슬람 신비주의 교리인 데르비시(Dervish)의 원리로 나라를 다스리는 데르비시 국가 창설을 선언하고 소말리아의 여러 부족들을 단합시켰다. 그는 스스로를 가리켜 물라흐

▲ 1940년 독일 공군의 폭격으로 파괴된 영국 런던 시가지를 촬영한 사진

(Mullah)라고 하였는데, 이는 아랍어로 최고 이슬람 율법 학자이자 정치 지도자를 부르는 호칭이었다.

그러나 영국은 무하마드를 가리켜 '미친 물라흐'라 부르며 조롱했다. 그리고 자신들처럼 소말릴랜드를 노리고 있던 이탈리아에 압력을 가해 방해를 물리친 다음 소말리아에 손을 뻗을 준비를 했다. 마침내 1904년 무하마드에게 전쟁을 도발했다. 그해 1월 10일 지브달리 전투에서 영국군은 무하마드의 군대를 대파했다. 또한 4월 21일 소말릴랜드 북부의 항구도시 일리그는 영국과 이탈리아 연합군에게 함락되었다. 이 전투에서 영국군은 3명이 죽고 11명이 부상당한 경미한 피해를 입었는데 반해, 데르비시 군사들은 58명이 죽고 14명이 부상당했다.

이 정도면 승기를 잡았다고 판단한 영국은 무하마드에게 "항복을 하면 당신을 죽이지 않고 이슬람의 성지인 메카로 평생 추방하는 선에서 그치겠다."고 제안을 했다. 그러나 무하마드는 영국이 보낸 편지에 아무런 답장도 보내지 않았다.

그러나 1914년 제1차 세계대전이 터지는 바람에 영국은 유럽에서의 전쟁에 골몰하느라 무하마드를 처리하지 못했다. 게다가 세계대전이 끝난 1918년에 다시 소말리아 문제를 해결하려 했지만, 무하마드가 전략을 바꾸어 소말리아 곳곳을 돌아다니는 게릴라전으로 맞서면서 영국군의 공세를 따돌렸다.

결국 영국군은 고심 끝에 1920년 항공기를 이용해 전쟁의 양상을 바꿨다. 영국 공군 사령관인 휴 트렌처드는 12대의 폭격기로 공중 폭격을 하여 무하마드를 따르는 데르비시 세력을 공격했다. 영국의 폭격기는 무하마드의 추종자들을 보이는 대로 마구 사살했다. 난생 처음 보는 항공기의 폭격에 무하마드는 도저히 손을 쓸 수 없었다. 이러한 공격으로 무하마드의 가족과 친척들은 대부분 사망했으며 무하마드 본인도 1921년에 병으로 사망하면서 데르비시 국가는 20년에 걸친 투쟁을 접고 마침내 멸망하고 말았다.

영국군에 저항했던 무하마드가 죽고 데르비시 국가가 소멸함에 따라 이제 더 이상 소말리아에서 유럽 열강의 침략에 저항할 세력은 존재하지 않게 되었다. 현재의 소말릴랜드는 영국이, 소말리아는 이탈리아가 분할통치하기로 합의하였고, 그렇게 해서 소말리아는 영국과 이탈리아 두 나라에게 지배당하는 신세로 전락했다. 영국군이 동원한 공중 폭격기가 소말리아를 영국의 식민지로 만들었던 것이다.

영국이 사용한 공중 폭격 전술은 얼마 후에 서구 열강과 일본 등 다른 제국주의 국가들도 재빨리 도입하여, 제2차 세계대전이 터지자 서로가 적국을 향해 대규모의 공중 폭격을 하게 된다. 독일 공군이 영국의 런던을 폭격하자 영국 공군도 뒤질세라 독일의 베를린을 폭격했다. 또한 중일전쟁에서 일본군이 상하이 등 중국의 대도시들을 폭격하자 중국의 동맹군인 미국 공군은 일본의 수도인 도쿄에 대공습을 감행하여 막대한 타격을 입혔다.

제2차 대전이 미국과 영국 등 연합국의 승리로 끝나자, 전쟁으로 피폐해진 영국 대신 미국이 세계 최강대국으로 떠올랐다. 이후 미국은 막대한 경제력을 바탕으로 전쟁에서 기본적으로 B-52 같은 대형 폭격기들을 동원한 폭격 전술을 사용하게 되었다. 한국전쟁과 베트남전쟁, 걸프전쟁 등에서 미국의 적들이 가장 두려워한 것도 바로 미국 공군이 하늘에서 쏟아붓는 엄청난 양의 폭탄이었다. 영국이 고안한 공중폭격이 후계자인 미국에게 전해져 오늘날 전 세계적으로 무시무시한 대량 살상을 일으키는 전술이 되어버린 것이다.

17

보이스카우트와
걸스카우트

첩보원에서 출발한 소년 소녀 조직들

1990년대 초반 TV에서 자주 방영되었던 "집에서도 학교에서도 배울 수 없는 것을 배우는 곳!"이라는 광고 문구를 기억하는 사람이 많을 것이다. 바로 보이스카우트 광고다. 필자도 그 광고를 보고 깊은 감동을 받아 학교에서 모집하는 보이스카우트에 가입해서 초등학교 6학년까지 활동했다.

미성년자인 소년들을 대상으로 모집하는 보이스카우트와 소녀들을 대상으로 하는 걸스카우트는 오늘날 전 세계 대부분의 나라들에서 청소년 조직으로 광범위하게 활동하고 있다. 한국보다 국토가 넓고 숲과 강 등 자연 환경이 좋은 미국, 캐나다, 호주 등지에서는 이 두 조직이 청소년들의 필수적인 활동 조직으로 인식되고 있을 정도이다.

하지만 보이스카우트의 시작은 순수한 청소년 단체라기보다는 전쟁과 군대를 위한 보조 조직에 가까웠다.

현직 군인이 만들었던 보이스카우트

보이스카우트는 1908년 지금의 남아프리카공화국에서 활동했던 영국군 장교인 베이든 포웰(Baden-Powell, 1857-1941)이 만들었다.

당시 남아프리카 지역은 오늘날처럼 독립된 공화국이 아니었다. 원래 남아프리카는 흑인 부족인 코사족과 줄루족이 살던 땅이었는데, 1652년부터 네덜란드인 이주민들인 '보어인'이 몰려와 정착하였다. 그리고 1795년부터 영국이 남아프리카에 진출하면서 보어인과 영국 간에 갈등이 점차 심화되었으며, 마침내 1899년에서 1902년까지 3년 동안 영국은 군대를 동원해 보어인의 모든 영토를 빼앗으려 했던 이른바 '보어전쟁'을 벌였다.

숫적으로 영국군보다 적었던 보어인들은 게릴라전을 벌여 영국군을 괴롭혔다. 그러나 무려 50만에 가까운 대군을 투입하고 강제수용소를 만들어 민간인들을 마구 수용소로 몰아 넣은 영국의 무자비한 군사 행동으로 인해 결국 보어전쟁은 영국의 승리로 끝났다. 그 후 영국은 남아프리카 전체를 식민지로 만들어 영국령 남아프리카연방을 창설하였다.

베이든 포웰은 보어전쟁 당시 영국군 장교로 활동하면서 혁혁한 공훈을 세워 1929년에 남작 작위까지 받은 인물이다. 그러니 초창기의 보이스카우트는 순수한 청소년 단체라기보다는 전쟁을 수행하기 위한 단체에 가까웠다고 보는 게 타당하다. 애초에 스카우트라는 말 자체가 정찰이란 뜻을 담고 있으니, 포웰은 단순히 청소년 단체를 만든 것이 아니라

▶ 보이스카우트와 걸스카우트의 창시자인
영국 군인 베이든 포웰

청소년들을 잘 훈련시켜 정찰병으로 쓰기 위해서 보이스카우트를 조직
했다고 봐야 하지 않을까?

실제로 베이든 포웰은 보어전쟁에서 남아프리카 지역과 보어군 진지
들을 관찰하면서, 그것들에 대한 정보를 영국군에 전달하는 임무를 맡
았다. 예를 들어 그는 전쟁 중에 자신이 남아프리카에 서식하는 나비들
을 수집하여 연구하는 사람인 것처럼 행세했다. 그리고 나비들의 모습
을 그린 공책을 들고 다니며 보어군이 주둔하고 있는 영토를 마음껏 드
나들었다. 하지만 나비 그림은 사실 보어군이 설치한 각종 무기와 포대
들을 교묘하게 변형하여 그린 지도였다. 나비 날개에 그려진 무늬는 보
어군이 사용하는 대포와 기관총 등의 위치를 나타낸 것이었다. 하지만
보어군은 포웰이 나비 연구가라는 말을 그대로 믿어 그가 영국군의 첩

자라는 생각은 전혀 하지 못했고, 포웰이 마음대로 자신들의 땅을 드나들도록 허락했다. 덕분에 영국군은 포웰이 가져다주는 정보로 보어군의 실상을 손바닥 들여다보듯이 파악하여 전쟁을 승리로 이끌 수 있었다.

실제로 포웰처럼 민간인 연구가로 위장해서 영국군을 위한 첩보 활동을 하던 사람들이 더 있었다. 영국에는 철도 동호회 회원들이 많은데, 이들은 하루 종일 기차역에 머물면서 기차들이 오고 가는 시간과 화물 운송 상태 등을 노트에 적어 기록으로 남겼다. 그런데 영국 정부는 제1차, 제2차 세계대전 와중에 이런 철도 동호회 회원들을 동원해 외국의 철도 수송 정보를 염탐하는 스파이 조직으로 활용했던 것이다.

보어전쟁이 끝난 뒤 포웰은 영국군 병사들을 대상으로 한 『정찰을 위한 기술들』이라는 책을 썼다. 이 책에서는 병사들에게 야외 활동을 할 경우를 대비해서 야외에서 간단히 구할 수 있는 재료인 나뭇가지 두 개를 가지고 서로 비벼 불을 피우는 법과 같이 생존에 필요한 여러 가지 기술들을 정리해 가르쳐 주고 있다.

보이스카우트의 조직 구성을 보면 다분히 군사적인 활용을 염두에 두고 만들었음을 알 수 있다. 보이스카우트는 일단 7명을 1조로 묶고, 그중 한 명을 조장으로 삼는다. 이런 조직 구성은 전쟁이 일어났을 때 조장이 분대장이 되어 다른 조원들을 이끌고 첩보 활동이나 군사 활동을 하기에 좋다. 마치 오늘날 군대에서 가장 작은 조직인 10명을 묶은 분대가 분대장 1명을 중심으로 활동하는 것처럼.

또한 야외에서의 정찰과 목표물 추적과 수신호 보내기, 현재 위치를

You are now a Scout.

I trust you - on your Honour - at all times to do your best to carry out your Duty; and to do a good turn to somebody every day.

R.S. Baden Powell
C.S.cut

WOLFE · CLIVE ·
PITT · NELSON ·
WELLINGTON
LIVINGSTONE
FRANKLIN · GORDON ·
HAVELOCK

BE PREPAR

▲ 보이스카우트 대원이 영국을 상징하는 브리타니아 여신에게 충성의 맹세를 하고 있다. 여신의 밑에는 영국 국기인 유니언잭이 깔려 있다. 이처럼 초기 보이스카우트는 국가주의적인 성향이 강한 단체였다.(1914년 작품)

파악하기 위한 지도 만들기, 위급한 상황에서의 응급처치 같은 내용들은 충분히 군사 및 첩보 업무에 쓰일 수 있는 것들이다. 적을 피해 숲이나 산 등 자연 속으로 도망쳤다가 살아남기 위해 미리 대비하는 보이스카우트…. 얼마든지 가능성 있는 추정이 아닌가?

또한 보이스카우트 대원들은 가입하기 전 국가에 대한 충성을 맹세했다. 단순한 민간단체가 아닌, 군사적으로 활동할 수 있는 조직이기 때문에 그런 것이 아니었을까?

이런 사항들 때문에 제1차 세계대전과 제2차 세계대전에서 영국과 싸웠던 독일은 보이스카우트가 영국군이 활용하는 첩보 조직이 아닌지 의심을 품기도 했다. 앞에서 언급한 것처럼 영국은 전쟁 와중에 민간인 조직들을 통해 외국의 정보들을 입수하기도 했으니까.

여하튼 1908년 포웰이 보이스카우트를 만들자 이 단체는 사람들로부터 크나큰 인기를 얻었다. 당시는 서구 열강이 한창 해외 각지를 정복하면서 식민지를 늘려 가던 시기였기 때문에, 서구인들은 대개 보이스카우트를 긍정적으로 보았다. 그들은 보이스카우트가 청소년들에게 자연에서 살아남을 힘과 용기를 주고, 자연을 정복하는 지혜를 가르쳐 주는 매우 유익한 단체라고 생각했던 것이다.

1908년 영국에서 처음 창설된 보이스카우트는 불과 2년 후에 영국의 식민지인 남아프리카연방, 호주, 캐나다는 물론, 영국의 영향을 많이 받았던 미국, 멕시코, 아르헨티나를 포함한 아메리카 대륙의 국가들에서도 잇달아 창설되었다.

소년들을 대상으로 하는 보이스카우트 외에 소녀들이 활동하는 걸스카우트도 있다. 이 단체는 보이스카우트가 만들어진 지 2년 후인 1910년에 창설되었다. 보이스카우트는 소년들만 활동할 수 있는 단체였는데, 보이스카우트에 흥미를 가진 소녀들이 자신들도 보이스카우트처럼 자연 속에서 캠핑과 야외 활동을 즐기고 싶다고 요구하여 포웰이 걸스카우트를 만들었다. 1928년에는 영국을 포함해 여러 나라들에서 창설된 걸스카우트 단체들의 모임인 걸스카우트 세계 연맹이 등장하였다.

제2차 세계대전 이후 보이스카우트와 걸스카우트는 전쟁이나 첩보 활동과 무관한 순수한 청소년 단체로서 자리 잡았다. 오늘날 이 두 단체는 전 세계 수많은 국가에 퍼져 있으며, 4년마다 모든 나라의 보이스카우트와 걸스카우트 단체들이 한곳에 모여 잼버리 대회를 갖는다. 한국은 1991년 8월 강원도에서 17번째로 잼버리 대회를 주최한 바 있다.

하지만 이 두 단체의 창설에는 전쟁과 첩보 활동의 어두운 그림자가 도사리고 있음을 부정하기 어려울 듯하다.

한국의 보이스카우트

한국에 보이스카우트가 처음 도입된 것은 일제 식민지 치하였던 1922년이었다. 창설자는 독립운동가인 조철호이다. 그는 1922년에 조선소년군(朝鮮少年軍)을 만들었는데, 조선이 일본에서 독립하려면 강인한 신체와 정신을 갖춘 인재들이 필요하다고 생각하여 보이스카우트 제도

▲ 1922년 소년척후대 활동 모습

를 도입했던 것이다. 그리고 해방 이후인 1946년 조선소년군은 한국 보이스카우트라는 이름으로 다시 출범하게 되었다. 6년 후인 1952년 1월 31일에 한국 보이스카우트는 세계 보이스카우트 연맹에 비로소 정식으로 가입하게 되었다. 1952년 8월 8일에는 한국 자체적으로 개최한 제1회 잼버리 대회가 부산에서 열렸다. 13년 후인 1975년 8월에는 한국 보이스카우트가 제25회 보이스카우트 세계총회에서 세계 연맹 최우수 성공 사례국으로 선정되는 성과를 거두었다. 그리고 2012년 10월 5일, 한국 보이스카우트 연맹은 창립 90주년을 맞아 독립기념관에서 이를 기념하는 자료를 기증하는 행사를 열었다.

마치며

필자는 원래 전쟁 쪽에 관심이 많았다. 그래서 이 책의 제목도 처음에는 '대영제국 전쟁사'나 '대영제국 흥망사'로 정했고, 원고의 방향도 영국이 19세기 들어 세계 각지에서 벌인 전쟁들을 다루려고 했다. 하지만 그 기획은 난관에 부딪쳤다. 우선 영국이 19세기 동안 세계를 정복하며 벌였던 전쟁을 모두 다루자니 범위가 너무나 넓어졌다. 게다가 출판사들도 난색을 표하는 바람에 필자는 애써 모았던 자료들을 그냥 창고에 넣어둘 수밖에 없었다.

그러다가 〈도서출판 모시는사람들〉로부터 영국과 관련한 미시사, 즉 우리의 일상 속에서 영국이 이룩했거나 만든 여러 문물들에 대해 다뤄 보면 어떻겠냐는 제안을 받았고, 이에 지금의 책이 선보이게 되었다.

이 책에 이어 '미국이 만든 세계'와 '중국이 만든 세계'도 펴낼 예정이다. 또, 기회가 된다면 애초에 예정했던 '대영제국 전쟁사'도 꼭 다루고 싶다. 방대한 자료들을 모아 편집하는 일이라 매우 힘들지만, 아직 국내에서 아무도 시도하지 않은 일이므로 무척 보람 있는 작업일 것이다.

여러 모로 부족한 원고임에도 여기까지 읽어 주신 독자 여러분들과 그리고 이 원고를 선뜻 받아 주신 모시는사람들 여러분들께 진심으로 감사드린다. 앞으로 더 좋은 책으로 여러분의 성원에 보답하고 싶다.

참고 자료

- 앵글로색슨족의 역사와 언어/ 박영배 저/ 지식산업사
- 영국적인, 너무나 영국적인/ 박지향 저/ 기파랑(기파랑에크리)
- 공장의 역사/ 이영석 저/ 푸른역사
- 축구의 역사/ 알프레드 바알 저/ 지현 역/ 시공사
- 축구의 역사/ 빌 머레이 저/ 이정환 역/ 일신사
- 카르툰/ 마이클 애셔 저/ 최필영 역/ 일조각
- 중국 오천년 2/ 진순신 저/ 이혁재 역/ 다락원
- 켈트족/ 크리스티안 엘뤼에르/ 시공사
- 제국/ 닐 퍼거슨 저/ 김종원 역/ 민음사
- 전쟁이 요리한 음식의 역사/ 도현신 저/ 시대의창
- 전쟁이 발명한 과학기술의 역사/ 도현신 저/ 시대의창
- 폭격/ 김태우 저/ 창비
- 위엄가득 빅토리아 여왕/ 앨런 맥도널드 글/ 클리브 고다드 그림/ 김수안 저/ 주니어김영사
- 알프레드 대왕/ 저스틴 폴라드 저/ 한동수 역/ 해와비
- 대담무쌍 윈스턴 처칠/ 앨런 맥도널드 글/ 클리브 고다드 그림/ 김수안 저/ 주니어김영사
- 하나님은 놀라운 일을 하셨도다/ 월터 러셀 미드 저/ 남경태 역/ 김영사
- 살육과 문명/ 빅터 데이비스 핸슨 저/ 남경태 역/ 푸른숲
- 나폴레옹 전쟁/ 그레고리 프리몬 반즈, 토드 피셔 저/ 박근형 역/ 한국국방안보포럼 감수/ 플래닛미디어
- 워털루 1815/ 제프리 우텐 저/ 김홍래 역/ 허남성 감수/ 플래닛미디어
- 나폴레옹의 영광/ 리처드 홈즈 저/ 정지원 역/ 청아출판사
- 나폴레옹/ 티에리 랑츠 저/ 이현숙 역/ 시공사
- 아일랜드 대기근/ 피터 그레이 저/ 장동현 역/ 시공사
- 넬슨/ 앤드루 램버트 저/ 박아람 역/ 생각의나무
- 마그나카르타 선언/ 피터 라인보우 저/ 정남영 역/ 갈무리
- 마그나카르타/ 제임스 도허티 저/ 오소희 역/ 리빙북(사랑의메세지)
- 옥스퍼드 영국사/ 케네스 O. 모건 저/ 영국사학회 역/ 한울(한울아카데미)
- 영국사/ 앙드레 모루아 저/ 신용석 역/ 김영사
- 이야기 영국사/ 김현수 저/ 청아출판사
- 중세 영국사의 이해/ 홍성표 저/ 충북대학교출판부(CBNUPRESS)
- 클래식 영국사/ 박지향 저/ 김영사
- 자본, 제국, 이데올로기/ 영국사학회 편집/ 혜안
- 다시 돌아본 자본의 시대/ 이영석 저/ 소나무
- 자본주의 공산주의/ 이원복 저/ 두산동아
- 새 먼나라 이웃나라 4 영국/ 이원복 저/ 김영사

- 원숭이도 이해하는 자본론/ 임승수 저/ 시대의창
- 자본론/ 칼 마르크스 저/ 김수행 역/ 비봉출판사
- 도덕감정론/ 아담 스미스 저/ 박세일 역/ 비봉출판사
- 경제학을 리콜하라/ 이정전 저/ 김영사
- 국부론/ 아담 스미스 저/ 유인호 역/ 동서문화동판(동서문화사)
- 캠브리지 중국사 10권/ 존 K. 페어뱅크 편/ 김한식, 김종건 등역/ 새물결
- 이야기 중국사 3/ 김희영 저/ 청아출판사
- 비잔티움 연대기/ 존 줄리어스 노리치 저/ 남경태 역/ 바다출판사
- 역사의 비밀 2/ 한스 크리스티안 후프 편/ 이민수 역/ 오늘의책
- 바이킹: 바다의 정복자들/ 이브 코아 저/ 김양미 역/ 시공사/
- 이집트 역사 100장면/ 손주영, 송경근 공저/ 가람기획
- 이슬람 1400년/ 버나드 루이스 편/ 김호동 역/ 까치
- 러시아사 100장면/ 이무열 저/ 가람기획
- 한반도에서 전개된 러일전쟁 연구/ 심헌용/ 국방부 군사편찬연구소
- 러일전쟁, 제물포의 영웅들/ 가스통 르루 저/ Ar. 요한슨 그림/ 이주영 역/ 작가들
- 카이로/ 맥스 로덴벡 저/ 하연희 역/ 루비박스
- 러일전쟁/ Alexei Nikolaievich Kuropatkin 저/ 심국웅 역/ 한국외국어대학교출판부
- 러일전쟁사/ 로스뚜노프 외 전사연구소 저/ 김종헌 역/ 건국대학교출판부
- 스코틀랜드 역사이야기/ 월터 스콧 저/ 이수잔 역/ 현대지성사
- 앵글로색슨 잉글랜드 사회/ 심재윤 저/ 도서출판선인(선인문화사)
- 지도에서 사라진 사람들/ 도현신 저/ 서해문집
- 걸리버 여행기/ 조나단 스위프트 저/ 신현철 역/ 문학수첩
- 어메이징 한국사/ 도현신 저/ 서해문집
- 세상에서 가장 재미있는 세계사/ 래리 고닉 저/ 이희재 역/ 궁리
- 헤로도토스의 역사/ 헤로도토스 저/ 박광순 역/ 범우사
- 상식 밖의 한국사/ 남경태 저/ 새길아카데미
- 상식 밖의 일본사/ 안정환 저/ 새길아카데미
- 상식 밖의 서양사/ 폴 아론, 김현구 저/ 현실과과학
- 상식 밖의 과학사/ 이영기 저/ 새길아카데미
- 상식 밖의 세계사/ 안효상 저/ 새길아카데미
- 상식 밖의 동양사/ 박윤명 저/ 새길아카데미
- 20권 학습만화 세계사(1990년 발행)/ 계몽사

인터넷 자료들

- 위키피디아
- 구글
- 브리태니커 백과사전

영국이 만든 세계

등록 1994.7.1 제1-1071
1쇄 발행 2014년 11월 30일

지은이 도현신
펴낸이 박길수
편집인 소경희
편 집 조영준
교 정 심 경
디자인 이주향
펴낸곳 도서출판 모시는사람들
　　　 110-775 서울시 종로구 삼일대로 457(경운동 88번지 수운회관) 1207호
전 화 02-735-7173, 02-737-7173 / 팩스 02-730-7173

인 쇄 상지사P&B(031-955-3636)
배 본 문화유통북스(031-937-6100)
홈페이지 http://modl.tistory.com

값은 뒤표지에 있습니다.
ISBN 978-89-97472-83-3　03920

이 도서의 국립중앙도서관 출판시도서목록(CIP)은 e-CIP 홈페이지 (http://www.nl.go.kr/ecip)
에서 이용하실 수 있습니다.(CIP 제어번호 :2014029062)